Historias bíblicas con títeres

45 PRESENTACIONES
Y HOJAS PARA COLOREAR

Editorial Concordia

Contenido

3558 South Jefferson Avenue, Saint Louis, Missouri, 63118-3968 U.S.A.

Editor: Rev. Héctor Hoppe

Ilustración: Vanesa Kroeger

Traductora: Sandra Luzi de Gross

Para la presente edición castellana se ha utilizado la edición inglesa: *Bible Stories with Jake and Jenna* © 2005 Concordia Publishing House.

Los textos bíblicos que aparecen en esta publicación han sido parafraseados de varias versiones.

Editorial Concordia es la división hispana de Concordia Publishing House.

Impreso en Colombia.

5 6 7 8 9 10 11 12 13 14 26 25 24 23 22 21 20 19 18 17

Introducción

Este libro provee presentaciones de historias bíblicas a través del uso de títeres. Las historias bíblicas, del Antiguo y del Nuevo Testamentos, están organizadas cronológicamente. Usted puede conectar estas páginas fácilmente a una variedad de currículos religiosos, y adaptarlas a su situación, y a las necesidades de los niños de su grupo.

Usted no necesita ser un titiritero o ventrílocuo para usar títeres con niños pequeños. No necesita cambiar la voz para los distintos personajes. Simplemente levante en alto el personaje que se supone está hablando, o haga que los personajes lo miren directamente a usted si usted está hablando como el maestro. Puede estar seguro de que, a los ojos de los niños, cuando usted use un títere, ¡usted desaparece! La atención de los niños se enfocará en el títere, no en usted. Por lo tanto, relájese y disfrute.

Se sugiere que use títeres que representan niños reales, porque pueden hablar de las inquietudes de los niños pequeños más que el títere de un animal.

Cada página trae un *propósito*: un punto central donde concentrar la atención. El *procedimiento* da detalles de la obra de títeres (la que usted tal vez pueda ubicar sobre una repisa cercana para que sus manos queden libres). Luego hay un *pasaje de la Escritura* y un resumen de la historia bíblica, seguidos de una breve *oración.*

Ya que estas páginas también son reproducibles, usted puede pedir que los niños de su grupo actúen las partes de Ana y Agustín, si saben leer. En realidad, esto serviría como la base de los cultos de niños o de charlas para niños. ¡Otros niños podrían involucrarse mientras se lee el propósito, la Escritura, el resumen de la historia bíblica, y la oración! También puede agregar una invocación, himnos y otros elementos para que encajen en el formato de su iglesia.

Cada historia está también representada en una ilustración. Utilice estas ilustraciones reproducibles para que los niños las coloreen y decoren a gusto.

¡Que Dios le bendiga cuando use estos materiales con sus niños!

Dios hizo un mundo hermoso

Propósito

Dios creó un mundo hermoso. Él nos confía la tarea de cuidar de él.

Procedimiento

(Agustín y Ana salen juntos. Agustín sostiene un libro pequeño y Ana lleva una barra de goma de mascar con el envoltorio suelto.)

Agustín: ¡Ven, Ana! Llegaremos tarde para el autobús escolar.

Ana: ¡Voy, voy! Sólo quiero desenvolver esta goma de mascar. *(Ana tira el papel de la goma de mascar al piso. Agustín ve que ella ha ensuciado. Él se detiene rápidamente y Ana se choca con la espalda de Agustín.)*

Ana: ¡Oye! ¿Por qué te detuviste?

Agustín: ¡Por ti! ¿Tiraste el papel del chicle al suelo? ¿Arrojaste basura?

Ana: Bueno, yo, eh, no vi el cesto.

Agustín: Ana, podías llevarte el papel y tirarlo en el cesto del autobús.

Ana: Bueno, sí, eso creo.

Agustín: ¡Por favor no vuelvas a ser una tirapapeles! ¡Dios hizo el mundo tan hermoso! ¡Agradezcámosle por lo que él hizo y hagamos lo que podamos para mantener al mundo bonito!

Ana: Lo lamento. ¡Lo recordaré la próxima vez! ¡Puedes contar conmigo! *(Ana se agacha, levanta el envoltorio y lo pone en un cesto cercano de la clase.)*

Pasaje de la Escritura

Génesis 1. El mundo empezó cuando Dios hizo todas las cosas. Él hizo la tierra y todos los planetas, el sol, la luna y las estrellas, todos los árboles y plantas, peces, pájaros, reptiles, y todos los animales de la tierra. Finalmente, Dios hizo a Adán y Eva, las primeras personas. Les dio un hogar hermoso llamado el jardín del Edén. Adán y Eva eran muy felices. Dios hizo todo esto en solamente seis días. Luego descansó. Todo lo que Dios hizo era hermoso. Diferente de ahora, no había pecado en el mundo en sus comienzos. Pero el pecado cambió todo. Dios envió a Jesús a rescatarnos del castigo del pecado. Porque conocemos a nuestro Salvador, un día nosotros tendremos un hermoso hogar en el cielo como el jardín del Edén.

Oración

Querido Dios, tú has hecho un mundo perfecto. Pero nosotros lo estropeamos con nuestro pecado. Lamentamos las veces que no cuidamos de tu creación. Por favor perdónanos por el amor de Jesús. Guíanos, para que vivamos como tus hijos agradecidos. Amén.

La primera familia que Dios creó

Propósito

Dios derrama su amor sobre nosotros y nos guía a compartir amor con nuestras familias.

Procedimiento

(Ana tiene puesta una bufanda colorida nueva alrededor de su cabeza o cuello.)

Agustín: ¡Qué linda bufanda tienes, Ana! ¿Dónde la conseguiste?

Ana: Hola, Agustín. Mi hermana mayor me dio esta bufanda. Me encanta como luce. Voy a hacer algo lindo para ella.

Agustín: ¿Algo lindo? ¿Para tu hermana? Yo no hago cosas lindas para mi hermana. Sólo peleo con ella y la molesto. ¡Y cómo se enoja!

Ana: Me gusta hacer cosas lindas para mi hermana. Ella hace cosas lindas para mí también. Ella juega conmigo. Me lee historias. Me lleva cuando va al parque a jugar. Ella realmente me ama.

Agustín: Mi hermana hace cosas como esas también. ¿Significa eso que me ama? Nunca pensé en eso. ¿Qué cosa linda vas a hacer para tu hermana, Ana? Tal vez yo también pueda hacerlo.

Ana: Hay muchas cosas que puedo hacer. Puedo ayudar a mi hermana a hacer su cama, a limpiar su cuarto. Puedo jugar tranquila cuando ella estudia.

Agustín: Eres la persona más buena y amorosa que conozco.

Ana: Gracias, pero lo que hago es pequeño comparado con el amor de Jesús.

Agustín: Recuerdo que la Biblia dice: "Amamos porque él nos amó primero" (1 Juan 4:19). Voy a sorprender a mi hermana ahora mismo ayudándola a poner la mesa para la cena.

Pasaje de la Escritura

Génesis 2. Hace mucho tiempo Dios hizo a las primeras personas. Él hizo al hombre. Dios llamó al hombre Adán. Adán le puso nombre a todos los animales. Adán buscaba un amigo especial, alguien como él, entre los animales. Pero no pudo encontrar a ninguno. Dios dijo: "No es bueno que el hombre esté solo. Le haré alguien especial para que viva con él." Dios hizo dormir a Adán. Luego le quitó una costilla. De la costilla de Adán Dios hizo a la mujer. Dios llamó a la mujer Eva. Adán amó a Eva y ambos amaban a Dios. No había pecado en el mundo. Adán y Eva fueron la primera familia. Ellos eran completamente felices. Las familias de hoy viven en un mundo de pecado. Sin embargo todavía pueden ser felices conociendo a Jesús como su Salvador. Jesús les da perdón, vida y salvación. Ellos pueden compartir el amor de Jesús entre ellos al pensar, decir y hacer cosas buenas.

Oración

Querido Jesús, gracias por bendecirme con mi familia. Perdónanos cuando nos lastimamos unos a otros. Ayúdanos, en cambio, a ser perdonadores y amorosos, así como tú eres perdonador y amoroso con nosotros. Oramos en tu nombre. Amén.

El primer pecado

Propósito

Todos somos pecadores, y vivimos en un mundo lleno de problemas. Pero Dios nos rescata a través de Jesús, quien nos ofrece perdón y nos promete vida eterna en el cielo.

Procedimiento

Agustín: *(tristemente)* ¿Sabe qué, maestra? Cuando llegué a casa de la escuela ayer, me encontré con Colita, mi hámster. Estaba muerto en su jaula. Lloré y lloré. Yo siempre lo alimentaba y le daba agua y mantenía su jaula limpia. Pero se murió igual. Mamá dijo que los hámsters no viven para siempre. Pero realmente lo extraño. Las cosas cambiaron. Mi habitación está tan callada ahora, no hay ruedas que giren de noche y no hay ruiditos...

Maestra: Agustín, lamento escuchar lo de Colita. Te sientes triste porque lo extrañas. A veces ocurren cosas malas porque vivimos en un mundo lleno de problemas y penas. Recuerdo un hermoso árbol de naranjas que teníamos en nuestro patio cuando yo era niña. En él crecían hermosas naranjas y mi familia las comía con frecuencia. Pero luego el árbol contrajo una enfermedad y murió lentamente. Ahora, nuestro patio no es más el mismo. Ahora no hay naranjas deliciosas para comer. Algunas cosas alrededor de nosotros cambian, y a veces estos cambios nos ponen tristes. Pero, Agustín, nosotros podemos estar seguros de una cosa que NUNCA va a cambiar en nuestras vidas. ¿Sabes qué es?

Agustín: ¿Qué?

Maestra: El amor de Dios. Dios siempre nos ama a ti y a mí. Su amor nunca morirá como tu hámster o mi árbol de naranjas. Dios nos amó cuando nos hizo, nos ama ahora, y va a amarnos cada día de la misma manera. Nos ama tanto que nos dio a Jesús para ser nuestro Salvador. Jesús nos perdona a cada uno por nuestros pecados y promete que algún día nos llevará al cielo donde no habrá pecado o muerte, dolor ni problemas.

Agustín: ¡Estoy tan contento de que la Biblia nos cuente que "Jesús es el mismo ayer, hoy y siempre"! (Hebreos 13:8)

Pasaje de la Escritura

Génesis 3. Adán y Eva vivían santamente en el Edén. Ellos amaban a Dios y se amaban entre ellos. Dios les dijo que podían comer de todos los árboles del jardín excepto de uno. Un día el diablo vino a Eva como una serpiente. Él engañó a Eva para que comiera la fruta de aquel árbol. Adán la comió también. Adán y Eva desobedecieron a Dios. Ahora el pecado había entrado al mundo. Desde entonces, Adán y Eva y todos sus hijos, nietos, y toda la gente del mundo son pecadores. Pero el amor de Dios no cambia. Él nos llama a arrepentirnos de nuestros pecados. ¡Él prometió un Salvador, Jesús, quien nos da perdón, vida y salvación!

Oración

Querido Señor, lamento mis pecados. Yo sé que tú me perdonas por Jesús, quien murió en la cruz por mí, y resucitó en la Pascua. Envía tu Espíritu Santo a guiarme para crecer en fe y para vivir como un hijo de Dios. Amén.

Dios le hace una promesa a Noé

Propósito

Dios cumplió su promesa de proteger a Noé, y cumple todas sus promesas para con nosotros también.

Procedimiento

(Ubique una pila de separadores o cintas de colores lila, azul, verde, amarillo y rojo. Agustín corre a poner una cinta lila debajo de una cartelera o lámina.)

Maestra: ¿Qué estás haciendo allí, Agustín?

Agustín: Estoy recordando la promesa que Dios hizo de proteger a Noé y de protegerme a mí. El color lila me hace pensar en protección. *(Agustín corre a buscar una cinta azul.)*

Maestra: ¿Y ahora?

Agustín: Dios prometió: "Yo estoy con ustedes siempre." Siempre significa para siempre, lo que me hace pensar en el color azul. *(Agustín ubica la cinta azul arriba de la lila y busca una verde.)*

Maestra: ¿Hay más?

Agustín: Sí, Dios derrama sus bendiciones sobre nosotros. Él promete hacer crecer mi fe a través de la Biblia, su Palabra. El verde me hace pensar en crecimiento. *(Después de ubicar el verde, Agustín busca una amarilla.)*

Maestra: ¡No me digas! El amarillo es para otra promesa.

Agustín: ¡Correcto! Ésta es para comida, ropa, hogar y familia. Dios prometió que él me da lo que necesito. El amarillo me hace pensar en estar bien y cómodo. *(Luego Agustín busca una anaranjada.)*

Maestra: ¿Qué es ésta?

Agustín: La promesa número cinco: Dios va a contestar mis oraciones.

Maestra: ¿Qué tiene que ver el naranja con la oración?

Agustín: No lo sé. Tengo seis colores, y quiero reservar el rojo para el final, así que éste tiene que ser naranja. *(Agustín regresa con la cinta roja.)*

Maestra: ¿La promesa número seis?

Agustín: Sí, elegí la roja porque me hace recordar el amor de Dios en Jesús, quien derramó su sangre por mí en la cruz. Ahora, ¿puedes ver el cuadro que hice?

Maestra: ¿Qué es, niños? *(Un arco iris.)*

Agustín: Exacto. Cada vez que veo un arco iris, me acuerdo de las promesas de Dios.

Pasaje de la Escritura

Génesis 6-9. Hace mucho tiempo, Dios estaba triste por el pecado. Él decidió destruir la maldad en el mundo y hacer un nuevo comienzo. Sólo Noé y su familia amaban a Dios. Entonces, Dios le dijo a Noé que construyera un arca. En el arca, Dios ubicó a dos animales de cada clase junto con Noé y su familia. Luego Dios envió una gran inundación para que cubriera todo. Finalmente, cuando Dios secó el agua de la inundación, les dijo a todos que dejen el arca. Dios hizo un arco iris en el cielo como recordatorio de su amor y de sus promesas. Dios siempre cumple sus promesas.

Oración

Amado Dios, tú nos has bendecido con muchas promesas. Y nosotros sabemos que tú eres fiel a tu Palabra. Gracias, especialmente por el Salvador prometido, Jesús, quien nos promete perdón y vida eterna en el cielo. Amén.

Dios le da a Abraham un nuevo hogar

Propósito

Dios nos elige para ser suyos; nos llama a través de su Palabra para ser sus hijos.

Procedimiento

Ana: Oh, hola, maestra. ¡Tengo algo REALMENTE importante para contarle! ¡En realidad, es REALMENTE, REALMENTE importante!

Maestra: Escuchémoslo, Ana. ¿Por qué estás tan entusiasmada?

Ana: ¡Ayer en la iglesia vi cuando bautizaban a una persona! Tuve que pararme enfrente del pastor y mirar. El pastor puso agua sobre ella tres veces y dijo: "Te bautizo en el nombre del Padre y del Hijo y del Espíritu Santo." Mamá dice que ahora esa persona también es un hijo de Dios.

Maestra: Ana, ¡AHORA sabemos porqué estabas tan ansiosa de contarnos la noticia! Todos podemos estar contentos por las buenas noticias.

Ana: ¡Qué afortunada soy! ¡Yo vi a un hijo de Dios!

Maestra: ¡Y hay más! ¡Estás mirando a otro justo ahora! Yo soy una hija de Dios también. Todos nosotros, que creemos en Jesús como nuestro Salvador, somos hijos de Dios. La Biblia dice: "¡Miren cuanto nos ama el Padre que se nos puede llamar hijos de Dios! ¡Y eso es lo que somos!" (1 Juan 3:1)

Ana: ¡Entonces si Dios es nuestro Padre celestial, y nosotros somos hijos de Dios, todos somos hermanos!

Maestra: ¡Correcto! ¡Somos hijos de Dios, hermanos y hermanas por causa de Jesús!

Pasaje de la Escritura

Génesis 12:1-7; 15:1-6. Abraham era un hijo de Dios que vivió hace mucho tiempo. Dios le dio fe a Abraham y a su esposa Sara. Ellos adoraban al verdadero Dios aunque muchos entre su familia adoraban ídolos. Dios le dijo a Abraham y a Sara que dejaran a sus familias y amigos. Él les dijo que se vayan a una nueva tierra que él les iba a mostrar. Abraham y Sara obedecieron. Ellos caminaron y caminaron. Finalmente ellos llegaron a su nuevo hogar. "Les daré esta tierra", le dijo Dios a Abraham. "Ustedes tendrán muchos, muchos descendientes. Y lo más importante de todo: el Salvador del mundo nacerá de tu familia." Dios mantuvo sus promesas. Años más tarde, Abraham y Sara tuvieron un hijo y lo llamaron Isaac. Y cientos de años más tarde, cuando era el tiempo justo, Dios envió a su propio Hijo, Jesús, para ser nuestro Salvador.

Oración

Querido Padre celestial, te agradecemos y adoramos por hacernos tus hijos. Gracias por amarnos y por estar siempre con nosotros. Por favor ayúdanos a amarte y adorarte cada día. En el nombre de tu Hijo, nuestro Salvador, Jesús. Amén.

El regalo de Dios para Abraham y Sara

Propósito

Dios nos bendice con mucha gente en nuestras vidas. Su mayor regalo para nosotros es Jesús, su Hijo, nuestro Salvador. Dios nos guía, a nosotros sus hijos, a ser de bendición en las vidas de otros.

Procedimiento

Maestra: *(examinando una curita en el brazo de Ana)* ¿Qué te pasó, Ana?

Ana: Me caí de la bicicleta y me lastimé mucho el brazo. Pero mi mamá me limpió y me puso una curita. ¡Ahora estoy mejor!

Maestra: ¡Qué bueno! Tu mamá es realmente un regalo de Dios para ti.

Ana: ¡Puedo agradecerle a mi mamá, y puedo agreadecerle a Dios por bendecirme con mi mamá!

Agustín: Creo que funciona de ambas maneras.

Maestra: ¿Qué quieres decir con eso, Agustín?

Agustín: Bueno, el otro día en la cena, dije algo gracioso y todos comenzaron a reírse. Mami y papi dijeron que yo era un regalo de Dios.

Maestra: Dios nos guía a ser de bendición a otra gente. Y él nos guía a través de su mejor regalo: su propio Hijo Jesús.

Ana: Jesús da el regalo del perdón y de un corazón limpio...

Agustín: ¡...para que podamos vivir para él y como una bendición para los demás!

Maestra: ¡Eso es cierto! Todo empieza con Jesús. Él cambia nuestros corazones y nuestras vidas. ¡Qué intercambio: él tomó nuestros pecados y nos hizo hijos de Dios! Su regalo nos capacita para ser un regalo para otros.

Agustín: Entonces, ¿qué regalo puedo darle a Jesús?

Maestra: Ésta es la cosa sorprendente: Jesús dice que cualquier cosa que hagamos por otros, también lo estamos haciendo por él.

Ana: Déjenme ver si lo entendí: ¡Jesús es el regalo de Dios para nosotros para que nosotros podamos ser regalos para otros, lo cual es también un regalo a Jesús! ¡Bravo!

Pasaje de la Escritura

Génesis 18:1-14; 21:1-7. Dios prometió un regalo maravilloso a Abraham y a su esposa Sara. Dios dijo que ellos tendrían una familia tan numerosa como las estrellas en el cielo. Uno de estos descendientes sería el salvador del mundo, que Dios prometió. Sin embargo, Abraham y Sara se pusieron muy viejos y todavía no tenían hijos. Un día Dios y dos de sus ángeles visitaron a Abraham y Sara. Él dijo que Abraham y Sara iban a tener un niño dentro de un año. Cuando Sara escuchó la noticia, se rió: "¿Por qué se rió Sara?", preguntó Dios. "¿Hay algo muy difícil para el Señor?" Dios mantuvo su Palabra. Él les dio a Abraham y a Sara el regalo de un hijo. Ellos lo llamaron Isaac. Dios dio un regalo aún mayor a todo el mundo: él dio el regalo de su propio Hijo, Jesucristo, para ser nuestro Salvador.

Oración

Querido Dios, gracias por los muchos regalos que me das. Utilízame para ser de bendición a otros. En el nombre de Jesús. Amén.

Las promesas de Dios para Isaac

Propósito

Dios está con nosotros donde quiera que estemos, en todas las cosas, de acuerdo a su voluntad.

Procedimiento

Ana: *(cantando una canción y mostrándose muy feliz)* Estoy feliz todo el tiempo.

Agustín: ¿Cómo puedes decir eso, Ana? Yo no estoy contento todo el tiempo. A veces tengo miedo, o estoy triste o solo. Así me sentí en nuestro viaje de campamento.

Ana: Cuéntame, Agustín. ¿Qué pasó?

Agustín: NUNCA me olvidaré de lo que pasó. Tenía tanto miedo. Mientras mamá y papá estaban armando las carpas, me fui para el lago sin decirle a nadie. ¡Quería atrapar mi primer pez! Pero pronto empezó a oscurecer.

Ana: Estoy segura de que tu familia estaba muy preocupada por ti.

Agustín: No quise preocupar a nadie. No pensé que me iría tanto tiempo. Pero empecé a caminar a lado del lago. Y... y me perdí. Debí haberme quedado quieto y esperar a alguien que me encontrara. Pero seguí caminando, me fui muy lejos de todos. Entonces comencé a orar para que Dios me ayude.

Ana: Dios es tan bueno. Siempre está cuidándonos, hasta cuando estamos perdidos y asustados.

Agustín: Mamá y papá dijeron que oraron por mí también, y llamaron al guardaparque desde su celular. El guardaparque me encontró y me llevó de vuelta al campamento en su camión. Estaba tan contento de ver a mi familia otra vez. Les dije que lamentaba lo que había hecho.

Ana: Estoy segura de que tu mamá y tu papá te perdonaron y te dieron un gran abrazo.

Agustín: Sí, es cierto. Luego tuvimos una larga charla sobre estar siempre acompañado y confiar que el Señor está cerca y todo eso.

Ana: ¿Te acuerdas de esa canción que estaba cantando al principio? Cuenta sobre la razón por la que podemos estar felices todo el tiempo, hasta cuando las cosas van mal. La canción dice: "Jesucristo vino y limpió mi corazón del pecado." ¡Ésa es la mejor razón que conozco para estar feliz sin importar qué pasa!

Maestra: Y recordemos lo que la Biblia nos cuenta en Romanos 8:28, "Sabemos que Dios dispone las cosas para el bien de quienes le aman, a los cuales él ha llamado de acuerdo con su propósito."

Pasaje de la Escritura

Génesis 26:3-6, 12-14, 23-25. El hijo de Abraham y Sara creció y vivió en la tierra que Dios le había prometido darle a Abraham. Dios le dijo a Isaac: "Te daré esta tierra y te daré muchos hijos. El Salvador del mundo será uno de los miembros de tu familia." Dios le dio a Isaac buenas cosechas y muchos animales. Pero Isaac también tenía enemigos que eran malvados. Dios le dijo a Isaac: "No tengas miedo. Yo estaré contigo como estuve con tu padre Abraham." Entonces Isaac construyó un altar y adoró a Dios.

Oración

Amado Dios, danos fe para confiar y seguir tu voluntad, en tiempos buenos y en tiempos malos. Oramos en el nombre de Jesús, nuestro Salvador. Amén.

Jacob y Esaú

Propósito

Dios nos llama al arrepentimiento y nos perdona en Cristo Jesús. Él nos guía a perdonar a otros.

Procedimiento

Agustín: *(riéndose)* Oh, Ana, seguramente te veías tonta cuando tiraste esa pelota.

Ana: *(enojada)* ¡Agustín! Eso no se dice. Me lastima.

Agustín: *(gritando)* Bueno, es la verdad. Te veías ridícula.

Ana: Oh-oh-oh-oh. ¡Estoy tan enojada contigo! No quiero ser más tu amiga.

Agustín: Bien, porque yo tampoco quiero ser tu amigo. ¡Adiós! *(Agustín sale.)*

Maestra: Bien, Ana. ¿Qué era todo ese bochinche?

Ana: Estoy tan enojada con Agustín. Nunca lo voy a perdonar. ¡NUNCA!

Maestra: ¿Entonces quieres quedarte triste y enojada?

Ana: No, pero no sé cómo parar. ¿Cómo puedo dejar de estar tan enojada?

Maestra: Perdonando a Agustín.

Ana: Eso es difícil. Es difícil perdonar.

Maestra: Es por eso que necesitamos la ayuda de Dios. Habla con Dios en oración. Pídele que perdone tus palabras de enojo y te ayude a perdonar a Agustín.

Ana: Bueno. Eso suena bien. *(Ana sale. Agustín regresa.)*

Maestra: Agustín, no te ves muy feliz.

Agustín: Estuve mal con Ana. Lo lamento. ¿Qué puedo hacer para volver a ser su amigo?

Maestra: Primero, creo que deberías hablar con Dios en oración. Luego ve y dile a Ana justo lo que me dijiste. *(Ana regresa.)*

Agustín: Lamento haber sido malo contigo. Por favor perdóname. Quiero ser tu amigo.

Ana: También lamento haberte dicho que no quería ser más tu amiga. Realmente quiero que seamos amigos otra vez. *(Ana y Agustín se abrazan.)*

Maestra: La Biblia habla justo de lo que ocurrió aquí. Dice: "Sean buenos y compasivos el uno para con el otro, y perdónense unos a otros, como Dios los perdonó a ustedes en Cristo" (Efesios 4:32).

Pasaje de la Escritura

Génesis 32:1-33:4. El hijo de Abraham, Isaac, se casó con una mujer llamada Rebeca. Ellos tuvieron mellizos, Esaú y Jacob. Cuando los niños crecieron, Jacob engañó a Esaú. Esaú se enojó tanto que quería matar a Jacob. Ambos hermanos estaban equivocados. Los dos pecaron. Jacob se escapó a otra tierra para librarse de la ira de su hermano. Años más tarde, Dios le dijo a Jacob que volviera a casa. En el camino, Jacob oró a Dios, y Dios le contestó la oración. Cuando Jacob y Esaú se encontraron estaban tan contentos de verse que se abrazaron y empezaron a llorar. Dios había cambiado sus corazones para que ellos pudieran perdonarse el uno al otro. Nosotros aprendemos sobre el perdón de Jesús, quien perdona nuestros pecados a través de su muerte y resurrección.

Oración

Amado Dios, gracias por perdonarme. Capacítame para perdonar a los demás. En el nombre de Jesús. Amén.

José en Egipto

Propósito

Aunque estemos rodeados de males y problemas, Dios puede bendecir nuestras vidas.

Procedimiento

Ana: ¡Oh, no! Está lloviendo. No podemos jugar a la pelota afuera.

Agustín: ¡Oh, sí! Podemos jugar juegos de mesa en la casa.

Ana: ¡Oh, no! A este juego tonto le falta una pieza.

Agustín: ¡Oh, sí! Aquí hay un centavo que podemos usar para reemplazarla.

Ana: ¡Oh, no! Tengo hambre, y mamá me va a buscar tarde.

Agustín: ¡Oh, sí! Será divertido si te quedas a comer aquí conmigo.

Ana: ¡Oh, no! No me gustan los chorizos.

Agustín: ¡Oh, sí! Aquí hay un poco de carne con la que podemos hacer un sándwich.

Ana: ¿Qué está sucediendo aquí? Yo estoy viendo lo que está mal, y tú siempre ves que todo va bien.

Agustín: Solamente recuerda que aunque las cosas nos vayan bien o mal, Dios está con nosotros. Él nos puede bendecir sin importar lo que pase a nuestro alrededor.

Ana: Estás en lo cierto, Agustín. Dios es bueno con nosotros.

Agustín: Él no nos dará siempre lo que queremos o cuando lo queremos. Pero podemos estar seguros de que él sabe lo que es mejor y siempre nos bendecirá, de acuerdo a su buen plan. ¡Su mejor plan fue enviar a Jesús para que sea nuestro Salvador!

Pasaje de la Escritura

Génesis 37-41. Jacob tenía 12 hijos. Uno de sus hijos, llamado José, fue vendido por sus hermanos como esclavo a Egipto. Pero Dios permaneció con José. Él continuó bendiciendo a José. Luego José fue arrojado a prisión por algo que él no había hecho. Otra vez Dios lo bendijo, hasta en esa mala situación. En una oportunidad, el faraón tuvo un sueño. Él quería saber el significado del sueño, pero nadie podía decírselo. Finalmente, un hombre que había conocido a José en la prisión recordó que Dios le había dado a José la habilidad de saber lo que los sueños querían decir. El hombre le contó al faraón sobre José. El faraón liberó a José de la cárcel. Dios capacitó a José para decirle al faraón lo que los sueños significaban. El rey recompensó a José. Dios bendijo a José incluso en medio de sus problemas.

Oración

Amado Dios, ayúdame a ver y a ser agradecido por el bien que tú me haces. Tal vez tenga problemas en este mundo, pero también tengo tus bendiciones. Ayúdame a recordar tus promesas en la Biblia que dicen: "Yo volveré su tristeza en gozo, les daré consuelo y alegría en vez de pena" (Jeremías 31:13). Gracias por bendecirme con el perdón y la vida que tengo en Jesús, porque estas son bendiciones que durarán para siempre. En su nombre. Amén.

Viajando en el desierto

Propósito

Dios nos bendice con más de lo que merecemos: perdón y salvación en Cristo Jesús; Dios nos bendice con más de lo que necesitamos: comida, familia, amigos y tanto más.

Procedimiento

Maestra: Dios nos bendice tanto. Nosotros lo alabamos y le damos gracias.

Agustín: Maestra, Maestra. Ana y yo sabemos cómo ser agradecidos. Escuche las oraciones que dijimos ayer cuando comimos la cena en mi casa.

Ana: Yo dije: "Gracias por el pescado, aunque hubiera preferido pollo."

Agustín: Y yo dije: "Gracias por estos vegetales saludables, aunque no me guste el brócoli."

Ana: Y yo dije: "Gracias por la leche, pero la próxima vez preferiría chocolatada."

Agustín: Y yo dije: "Te doy gracias por esta deliciosa porción de torta, pero preferiría comer dos pedazos."

Maestra: ¡Un momento! Yo no creo que ustedes sean agradecidos para nada. Escucho mucha queja y protesta sobre querer pollo, odiar al brócoli, dar órdenes por chocolatada y más postre. Eso no se parece al agradecimiento para mí.

Ana: Creo que no estábamos pensando en cuán bueno Dios es con nosotros. Tal vez deberíamos orar otra vez, esta vez pidiéndole a Dios que me perdone por no haber sido verdaderamente agradecida.

Agustín: Y tal vez debería orar otra vez, esta vez agradeciendo realmente a Dios por su bondad.

Maestra: Me alegra escuchar que digan eso. A veces no nos damos cuenta de todas las bendiciones de Dios alrededor de nosotros. Necesitamos de la ayuda de Dios para eso también. Él nos ayuda a través de su Palabra. Escuchen Hebreos 13:5 donde nos manda a estar satisfechos con lo que tenemos: "Conténtense con lo que tienen, porque Dios ha dicho: 'Nunca te dejaré ni te abandonaré.'"

Agustín: Dios sabe lo que es mejor para nosotros. Él nos da lo que necesitamos más: un Salvador del pecado.

Ana: Y él nos da mucho más de lo que necesitamos. ¡Alaben y agradezcan a Dios!

Pasaje de la Escritura

Éxodo 16:1-17:7. Como Dios le había prometido a Abraham, Isaac, y Jacob, su familia creció hasta convertirse en una gran nación con miles de personas. Ellos se llamaron a sí mismos hebreos, o pueblo de Israel. Vivían en Egipto cuando un rey malo, un faraón diferente, llegó al poder. Él convirtió al pueblo de Dios en esclavo. Dios ayudó al pueblo enviándoles un líder llamado Moisés para guiarlos de regreso a la tierra prometida. Ellos tenían que caminar por el desierto. Era caluroso. Era seco. El pueblo tenía hambre y sed. El pueblo se quejaba y protestaba. Pero Dios cuidó a su pueblo. Él envió pan del cielo, llamado maná. Dios también envió pájaros, llamados codornices, para que el pueblo comiera. Cuando Dios le dijo a Moisés que golpeara una gran piedra con un palo, fluyó agua de la roca para que el pueblo bebiera. ¡Dios cuidó a su pueblo de maneras sorprendentes!

Oración

Amado Jesús, perdóname cuando no soy agradecido por las muchas bendiciones que tú me das. Ayúdame a ver que todas las cosas buenas vienen de Dios. Oramos en tu nombre. Amén.

Los diez mandamientos

Propósito

Dios nos da reglas (mandamientos) para hacer al mundo mejor y más seguro. Pero nosotros desobedecemos y pecamos contra Dios. En su misericordia, Dios envió a Jesús a rescatarnos de la pena del pecado.

Procedimiento

Agustín: *(llevando unas tijeras descuidadamente)* ¡Eh, Ana! ¿Puedes ayudarme?

Ana: ¡Sí, Agustín! ¿Qué necesitas?

Agustín: ¿Tienes papel? Quiero recortar un copo de nieve de papel. *(Agustín mueve las tijeras y accidentalmente pincha a Ana.)*

Ana: ¡Ay! ¡Tú! ¡Cuidado con esas tijeras! ¿No escuchaste cuando la maestra explicó las reglas sobre el uso de las tijeras?

Agustín: ¿Reglas? No me gustan las reglas, por lo tanto no escuché.

Ana: ¿No escuchaste? ¿No sabes que las reglas nos ayudan? Nuestra maestra nos cuida y no quiere que nos lastimemos. Por eso ella nos da reglas de seguridad.

Agustín: ¿Las reglas me van a ayudar? ¿Cuáles son las reglas sobre el uso de las tijeras?

Ana: Cierra tus tijeras. Sostén las tijeras cerradas por la punta. Ahora no vas a pinchar a nadie. Nadie va a salir lastimado.

Agustín: Gracias por decirme, Ana. No sabía que nuestra maestra nos dio reglas porque ella nos cuida. Trataré de escuchar mejor las reglas.

Ana: Dios nos da reglas también porque nos cuida. Dios nos da esas reglas para ayudarnos a llevarnos bien con otra gente y mostrarnos su voluntad para nuestras vidas. Dios hasta tiene un plan para ayudarnos cuando no respetamos sus reglas. Podemos leer su plan en Juan 3:16.

Agustín: Creo que voy a buscar ese versículo porque tengo problemas con las reglas.

Ana: ¡Todos tenemos! ¡Es por eso que necesitamos a Jesús!

Pasaje de la Escritura

Éxodo 20. Hace mucho tiempo Moisés sacó al pueblo de Dios de la esclavitud de Egipto para viajar por un gran desierto para ir a vivir a la tierra que Dios les había prometido. Mientras estaban de camino, ellos se detuvieron al lado del Monte Sinaí. Dios vino a la montaña con grandes truenos y relámpagos brillantes. Dios llamó a Moisés para que vaya a la cima de la montaña. Aquí Dios le dio a Moisés diez mandamientos o reglas que él quería que su pueblo obedeciese. Estas reglas son para todo el pueblo de Dios todo el tiempo. Dios da estas reglas porque él cuida a su pueblo. Los mandamientos le dicen a la gente que amen y respeten a Dios y a su nombre, que obedezcan a sus padres y autoridades, que respeten a otra gente y sus propiedades, que honren a Dios con sus palabras y que sean felices con lo que tienen. El problema con los mandamientos es que no los obedecemos. Nosotros pecamos. Entonces Dios envió a Jesús para morir en la cruz y llevar nuestros pecados. Él nos llama al arrepentimiento y a vivir para él. Esto no sucede por lo que nosotros hacemos, sino por el omnipotente poder de Dios.

Oración

Amado Dios, lamento que peco y no cumplo tus mandamientos. Yo sé que tú me perdonas por el amor de Jesús. Por favor guíame a seguir tu voluntad como tu propio hijo. Oro en el nombre de Jesús. Amén.

David confía en el Señor

Propósito

Dios es fuerte y poderoso. Confiamos en él para que nos ayude con nuestras necesidades físicas y espirituales.

Procedimiento

Maestra: *(a Ana, que escondió su cara en el hombro de la maestra)* ¿Qué pasa, Ana? ¿Por qué no te das vuelta y nos hablas?

Ana: *(susurrando)* Tengo miedo.

Maestra: Está bien, Ana. Todos tenemos miedo en algún momento.

Ana: *(se da vuelta tímidamente)* ¿Todos? ¿Es cierto? Bueno, es Agustín. Tengo miedo de Agustín.

Maestra: ¿De Agustín?

Ana: Sí. Ha estado asustándome y tratando de hacerme llorar.

Agustín: *(aparece de repente)* ¡Buh! ¡Te asusté! ¡Te asusté! *(Ana grita y se esconde)*

Maestra: ¡Agustín! ¡Deja de hacer eso! ¿Por qué tratas de asustar a Ana? ¿Y si fueras tú el que se asusta?

Agustín: Nunca tengo miedo. Nunca, nunca, nunca.

Maestra: Todos tenemos miedo alguna vez. Por ejemplo, esta mañana te vi en el patio antes de la clase. Había un gran perro cerca. ¿No tuviste un poquito de miedo, Agustín?

Agustín: Creo que tiene razón. Lo lamento, Ana. No te voy a asustar más. Sé también lo que es tener miedo.

Maestra: Cuando tenemos miedo, podemos confiar en que Dios está con nosotros. Dios nos ama mucho. Cuando somos débiles, él es fuerte. Él envió a Jesús para vivir, morir, y resucitar de los muertos para perdonarnos y salvarnos. Jesús nos promete quedarse bien cerca de nosotros siempre. Él nunca nos dejará solos, ni cuando enfrentamos problemas y peligros.

Pasaje de la Escritura

1 Samuel 16-17 y 2 Samuel 22. Hace mucho vivía entre el pueblo de Dios un hombre que se llamaba David. Dios hizo a David rey de su pueblo. Pero David no siempre fue rey. Cuando él era niño, David cuidaba las ovejas de su padre. A veces un lobo o un oso venía y quería dañar a las ovejas. Pero David confiaba en Dios y Dios ayudaba a David a ser valiente. Dios le dio a David la fuerza para vencer leones y osos. Dios ayudó a David a pelear con otros enemigos de la misma manera. Una vez Dios ayudó a David a matar a un malvado gigante llamado Goliat. Dios le dio a David la victoria sobre muchos otros enemigos también. Cuando David enfrentaba a sus enemigos, decía: "La batalla es del Señor" (1 Samuel 17:47). Dios estaba siempre con David, así como él está siempre con nosotros. David agradecía y alababa a Dios con muchas canciones que hoy tenemos en la Biblia. En una de sus canciones, David cantaba: "Tú, oh Dios, eres fuerte, y ... tú, oh Señor, eres misericordioso" (Salmo 62:11).

Oración

Amado Dios, nosotros somos débiles, pero tú eres fuerte. Haznos fuertes, no en músculos, sino en la fe, a través de tu Palabra. En Jesús. Amén.

David y Jonatán

Propósito

Dios bendice nuestras vidas a través de buenos amigos; le agradecemos especialmente por Jesús nuestro mejor amigo, quien dio su vida para salvarnos.

Procedimiento

Agustín: ¡Eh, Ana! ¿Qué pasa? ¿Por qué no estás jugando con nosotros?

Ana: *(tristemente)* Sniff. No quiero jugar ahora. Mi amiga Emilia se acaba de mudar lejos.

Agustín: ¡Oh! Veo que eso te pone triste.

Ana: ¡Sí, mucho! Nos divertíamos mucho juntas. Nos encantaba jugar con nuestros juguetes y juegos. Hasta teníamos picnics en el parque. Nos sentábamos juntas en la escuela dominical.

Agustín: ¡Parece que ustedes la pasaban muy bien juntas!

Ana: Sí, seguro. Y ahora Emilia se mudó lejos. No sé si la voy a volver a ver otra vez.

Agustín: *(abraza a Ana)* Lamento que te sientas triste. Pero puedes estar contenta de que Dios te diera una amiga tan buena. Cada vez que pienses en Emilia, puedes recordar toda la diversión que tuvieron juntas. ¡Qué bendición! Pero Dios te ha dado un amigo que siempre estará contigo.

Ana: ¿Eres tú, Agustín?

Agustín: ¡Yo no! ¡Jesús! Él dijo en la Biblia que él siempre estará con nosotros. Él nos cuidará. Él no es sólo nuestro amigo, él es también nuestro Salvador. Él murió en la cruz para llevar nuestros pecados. ¡Nadie puede ser mejor amigo que él!

Ana: Y no tengo que preguntarme si alguna vez lo veré. ¡La Biblia dice que cuando los creyentes van al cielo, ellos verán a Jesús cara a cara! ¡Esa noticia me alegra!

Pasaje de la Escritura

1 Samuel 18-20. Cuando David era un hombre joven, su mejor amigo era el hijo del rey. El nombre del amigo de David era Jonatán. A David y al príncipe Jonatán les gustaba reír y hablar juntos. Se daban regalos. Pero al padre de Jonatán, el rey, no le gustaba David. Él estaba celoso de David y trataba de matarlo. Jonatán trató de defender a David y habló bien de él a su padre. Pero el padre de Jonatán, el rey, no escuchaba. Jonatán sabía que David estaba en gran peligro. Jonatán disparó flechas al aire para advertir a David del enojo de su padre. David sabía que tenía que dejar a Jonatán. Cuando David y Jonatán se encontraron para decirse adiós, ellos se dijeron que siempre serían amigos. Su amistad fue bendecida porque ambos amaban y creían en el único y verdadero Dios.

Oración

Amado Dios, por favor dame amigos que te conozcan como Señor y Salvador, como yo lo hago. Gracias por perdonarnos nuestros pecados a través de Jesús. Guíanos a vivir como tu pueblo, que comparte tu bondad misericordiosa con otros. Gracias por mi mejor amigo Jesús, quien dio su vida en la cruz para que yo sea tu hijo redimido y perdonado. En su nombre. Amén.

David y Mefiboset

Propósito

Dios cambia nuestras vidas, perdonándonos nuestros pecados a través de Jesús, y capacitándonos a través del Espíritu Santo, para vivir como su pueblo, compartiendo su cuidado amoroso con otros.

Procedimiento

Agustín: ¡Eh, Ana! ¿Qué te pasó?

Ana: *(con su brazo en un vendaje)* Me caí de la bicicleta ayer y me rompí el brazo.

Agustín: Me parece que no vas a poder andar en bicicleta por un tiempo, ¿no es cierto?

Ana: *(tristemente)* No, no puedo. *(pausa)* No puedo hacer un montón de cosas. Hasta es difícil comer. No estoy acostumbrada a comer con la mano izquierda.

Agustín: ¿Cómo coloreas tus dibujos? ¿Cómo te cepillas los dientes? Vas a necesitar mucha gente que te ayude.

Ana: ¡Seguro que sí! No puedo abotonar ni siquiera mi propia chaqueta.

Agustín: Te puedo ayudar a abotonar tu chaqueta. Y llevaré tu mochila también. No te olvides, tus amigos quieren ayudarte.

Ana: Agustín, ¿por qué estás siendo tan bueno conmigo?

Agustín: Bueno, cuando pienso en todo lo que Jesús hizo por mí, me pongo contento de hacer lo poco que pueda por otros.

Ana: Jesús seguro hace una diferencia en nuestras vidas. Él siempre quita lo malo –nuestros pecados– y nos da alegría al capacitarnos para vivir como hijos de Dios.

Pasaje de la Escritura

2 Samuel 9:1-13. David y Jonatán eran amigos. Jonatán murió cuando todavía era joven. David extrañaba mucho a su amigo. Cuando David se convirtió en rey de Israel, preguntó si alguno de los hijos de Jonatán estaba todavía vivo. "Sí", le dijo un hombre a David, "está Mefiboset, hijo de Jonatán. Mefiboset tiene sus piernas lisiadas." David envió por Mefiboset y le habló amablemente. David le dio a Mefiboset muchos regalos. "Mefiboset, tú siempre serás bienvenido para venir y comer conmigo en mi mesa", dijo David. Y David trató a Mefiboset como uno de sus propios hijos. David mostró bondad como respuesta a la gran bondad, gracia y misericordia de Dios. David dijo en el Salmo 18:49-50: "Te alabaré en medio de las naciones, Oh SEÑOR; cantaré alabanzas a tu nombre. Él da a su rey grandes victorias; él muestra bondad a su ungido, a David y sus descendientes para siempre."

Oración

Amado Dios, quiero seguir tus caminos justos y santos, pero no puedo hacer esto por mí mismo porque soy débil y pecador. Perdóname por medio de Jesús. Y por medio del poder del Espíritu Santo, que opera a través de tu Palabra, hazme capaz de compartir la misericordia que tú derramas sobre mí. En el nombre de Jesús. Amén.

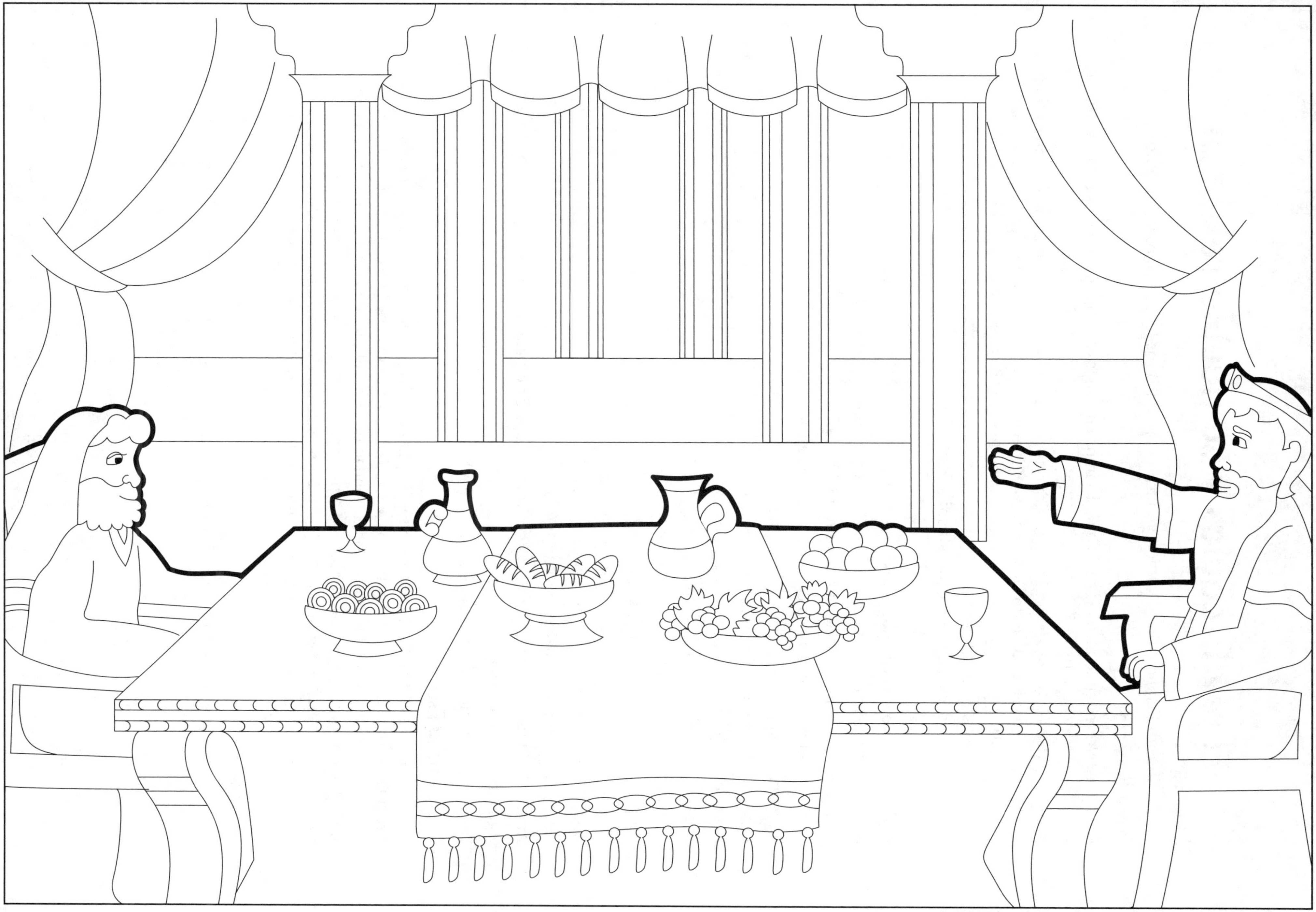

El rey Ezequías y su pueblo celebran

Propósito

Dios nos bendice con su perdón y mucho más; nosotros lo adoramos y honramos.

Procedimiento

Agustín: No entiendo algunas cosas que decimos en la iglesia. ¡Algunas de esas palabras tienen miles de años!

Ana: ¡No es sorprendente! Eso significa que nos estamos uniendo en alabanza con millones de creyentes de todos los tiempos. Déjame que te ayude a entender algunas de las palabras del rey David de hace mucho tiempo. Tú lees una parte del Salmo 103, y yo te diré qué quiere decir para mí.

Agustín: "Bendeciré al Señor con toda mi alma."

Ana: ¡Dios es maravilloso!

Agustín: "Y no olvidaré ninguno de sus beneficios."

Ana: Recuerda las cosas buenas que Dios hace por nosotros.

Agustín: "Él es quien perdona todas mis maldades."

Ana: Él hace eso a través de Jesús, nuestro Salvador.

Agustín: "Quien sana todas mis enfermedades."

Ana: Él nos ayuda cuando lo necesitamos.

Agustín: "Quien libra mi vida del sepulcro."

Ana: Él nos rescata de la muerte.

Agustín: "Quien me colma de amor y ternura."

Ana: Él te cuida ahora y siempre.

Agustín: "Quien me satisface con todo lo mejor."

Ana: Él nos da más de lo que necesitamos.

Agustín: "Y me rejuvenece como un águila."

Ana: Él nos levanta cuando estamos tristes y nos da esperanza.

Agustín: Gracias, Ana.

Ana: ¡No me agradezcas a mí, agradece a Dios!

Pasaje de la Escritura

2 Crónicas 29:1-30:22. Muchos años después del tiempo del rey David, un hombre llamado Ezequías se hizo rey del pueblo de Dios. Ezequías reparó la casa de Dios. Luego Ezequías guió a su pueblo en una gran celebración por la bondad de Dios. El pueblo alabó a Dios con muchos instrumentos musicales como címbalos y arpas. Durante la adoración, el pueblo cantaba salmos y tocaba trompetas. Todo el pueblo se alegró. Ellos estaban felices porque se dieron cuenta del gran amor y bondad de Dios para con ellos. Dios en el cielo vio al pueblo. Escuchó sus palabras y sus canciones de alabanza. Y Dios bendijo al pueblo.

Oración

Continúa el modelo de Ana y Agustín mientras alabas a Dios con más palabras del Salmo 103. Lee los versículos 8-12.

Las reformas de Josías

Propósito

Dios nos da amorosamente la ley para darnos indicaciones para seguir su voluntad en nuestras vidas. Nosotros somos pecadores que desobedecemos. Pero Dios nos rescata de la pena del pecado a través de Jesús.

Procedimiento

Ana: *(frustradamente, sacudiendo un frasco de líquido marrón)* ¡Esto no está saliendo bien!

Agustín: ¿Qué anda mal, Ana?

Ana: Estoy haciendo un postre para el almuerzo y algo anda mal. El postre no se espesa, no importa cuánto lo bata.

Agustín: Déjame probar. Tal vez yo lo pueda hacer. *(Agustín sacude el frasco)* No, tampoco puedo yo. ¿Dónde están las instrucciones?

Ana: Aquí. *(Ana le da la caja del postre.)*

Agustín: Veamos. ¿Le agregaste un tercio de taza de leche?

Ana: Sí

Agustín: ¿Y dos cucharadas del polvo del postre?

Ana: ¿Dos cucharadas? ¡Yo pensé que decía una cucharada!

Agustín: ¡No me extraña porqué no se hacía! ¡No seguiste las instrucciones!

Ana: Creo que es importante seguir las indicaciones. Lo arruiné, pero tú me ayudaste a arreglarlo.

Agustín: ¡Ah, olvídalo! Eso no es nada comparado con lo que Jesús hizo por ti y por mí. Cuando no seguimos las indicaciones de Dios, su ley, hacemos más que arruinarlo, ¡pecamos!

Ana: Pero Jesús lo compone otra vez al perdonarnos. Él llevó nuestros pecados a la cruz. ¡Qué buenas noticias! ¡Celebremos! ¿Quieres comer un poco de postre?

Pasaje de la Escritura

2 Crónicas 34:1-35:19. Años después de que David fuera rey, Ezequías se hizo rey, y años después del rey Ezequías, Josías se convirtió en rey cuando sólo tenía ocho años. En ese tiempo, mucha gente en la tierra no era fiel a Dios. Ellos adoraban ídolos. No leían ni estudiaban la palabra de Dios. Josías amaba al Señor y quería que se repare el templo del Señor. Un día, mientras estaban trabajando, alguien encontró un libro que contenía la palabra de Dios y se la leyó al rey. El rey Josías oyó la palabra de Dios. Le dijo a alguien que se la leyera a todo el pueblo. Cuando ellos escucharon la palabra de Dios, reconocieron que habían pecado. Ellos lo lamentaron y se arrepintieron. A través del poder de Dios, sus vidas fueron cambiadas. Empezaron a adorar al verdadero Dios. Escucharon la palabra de Dios y siguieron sus caminos.

Oración

Amado Dios, lamento las cosas que hago mal. Perdóname por el amor de Jesús y condúceme para que siga tus caminos. Espíritu Santo, guía mi vida a través de tu Palabra. Oramos en el nombre de Jesús. Amén.

Un ángel visita a Zacarías

Propósito

Dios cumple sus promesas de darnos perdón, vida, y salvación a través de Jesús.

Procedimiento

Ana: Dios seguro hizo un montón de promesas en la Biblia. Agustín, ¿sabes lo que es una promesa?

Agustín: ¡Seguro! Es cuando alguien dice que está absolutamente, totalmente, completamente seguro de que algo pasará.

Ana: Cuando Adán y Eva desobedecieron a Dios y pecaron, Dios prometió enviar a un salvador para el mundo.

Agustín: Y Dios prometió que Abraham tendría muchos, muchos tatara-tatara-tatara-tatara-tatara-tatara nietos. Y uno de ellos sería el Salvador.

Ana: Y Dios le prometió al rey David que este Salvador nacería de su familia real.

Agustín: Y Dios le prometió al profeta Miqueas que el Salvador nacería en Belén.

Ana: Y Dios le prometió al profeta Isaías que el Salvador sufriría y moriría para quitar los pecados del mundo.

Agustín: Y cuando faltaba poco para que naciera el Salvador, Dios le prometió a Zacarías que él y su esposa tendrían un bebé que crecería para preparar a la gente para el Salvador prometido.

Ana: Dios absolutamente, totalmente, completamente por cierto cumplió todas sus promesas en Jesús.

Agustín: Dios cumple su promesa de perdonar nuestros pecados.

Ana: ¿Tú piensas que Dios va a cumplir su promesa de llevarnos al cielo?

Agustín: ¡Estoy absolutamente, totalmente, completamente seguro!

Pasaje de la Escritura

Lucas 1:5-25. Zacarías era sacerdote. Zacarías y su esposa Elisabet eran muy viejos. Ellos querían tener hijos pero no tuvieron ninguno. Un día, cuando Zacarías estaba solo en el templo adorando a Dios, un ángel se le apareció repentinamente, asustando a Zacarías. "No tengas miedo", dijo el ángel, "tu esposa Elisabet va a tener un hijo y tú lo llamarás Juan". Pero Zacarías no creyó las palabras del ángel. "¿Cómo puedo estar seguro de esto?", preguntó. "Soy un hombre viejo y mi esposa es vieja también." "Yo soy Gabriel", dijo el ángel, "he sido enviado por Dios para darte esta buena noticia. Porque tú no crees, no podrás hablar hasta que tu hijo nazca". Zacarías salió del templo y se fue a casa. Poco después un varón nació de Zacarías y Elisabet, y ellos agradecieron y alabaron a Dios. Ese niño llamado Juan creció para tener un trabajo importante al preparar al pueblo para Jesús, quien vino a salvar a todas las personas de sus pecados.

Oración

Gracias, querido Señor, por cumplir todas tus promesas fielmente, especialmente la promesa de enviar a Jesús para salvarnos muriendo en la cruz y resucitando en la Pascua. ¡Bendito sea tu santo nombre! Amén.

Un ángel visita a María

Propósito

Dios envió un ángel para dar el mensaje del nacimiento del Salvador del mundo.

Procedimiento

(Agustín tiene un halo dorado de guirnaldas sobre su cabeza y varias tarjetas en la boca. Tararea una canción navideña. Ana aparece en frente de él.)

Ana: ¿Qué estás haciendo?

Agustín: *(sorprendido, tira las tarjetas)* Oh, me sorprendiste. Estaba repartiendo mis tarjetas de Navidad. Ahora están todas por el suelo. Aquí hay una para ti.

Ana: ¡Para mí!

Agustín: Sí. Me gusta entregar mensajes, especialmente de Navidad.

Ana: ¿Qué tienes en la cabeza?

Agustín: Oh, ése es mi halo de ángel. Me lo pongo cuando estoy repartiendo tarjetas de Navidad. Estoy simulando ser Gabriel.

Ana: ¿Qué hizo Gabriel?

Agustín: Gabriel era el ángel que Dios envió a María. Él tenía un mensaje de Dios para María.

Ana: ¿Como una tarjeta de Navidad?

Agustín: Oh, mucho mejor que eso. Él vino a decirle a María que la primera Navidad se aproximaba. Que Jesús pronto nacería, y que ella sería su madre.

Ana: Creo que me asustaría de ver a un ángel.

Agustín: Oh, María se asustó al principio, pero luego se puso realmente contenta con ese mensaje. ¡Podemos contar el mensaje también!

Ana: ¡Se acerca la Navidad! ¡El Salvador Jesús vino como un bebé nacido en Belén!

Pasaje de la Escritura

Lucas 1:26-56. Dios envió al ángel Gabriel a una joven mujer llamada María. Ella estaba comprometida para casarse con un hombre llamado José. El ángel dijo: "El Señor está contigo. Tendrás un hijo. Y le pondrás por nombre Jesús. Él será el Salvador, el Hijo de Dios." María preguntó cómo podía pasar esto. Ella sabía que no estaba embarazada y no podía tener un bebé en ese momento. El ángel dijo: "El poder del Espíritu Santo hará que esto ocurra. Con Dios nada es imposible." María estaba feliz. Ella cantó una canción alabando a Dios por enviarle un bebé especial: el Salvador del mundo.

Oración

Amado Señor, gracias por enviar a Jesús para ser el Salvador del mundo. Solamente Jesús pudo rescatarnos del pecado, la muerte, y el poder del diablo, porque él es verdadero Dios. Gracias por darnos perdón, vida, y salvación, en el nombre de Jesús. Amén.

Un ángel visita a José

Propósito

Dios envió un ángel con un mensaje cuando José estaba preocupado. Dios nos da sus mensajes de buenas noticias en la Biblia.

Procedimiento

Ana: ¡Oh, oh, es medianoche y tengo miedo!

Agustín: ¿De qué tienes miedo?

Ana: Cuando es de noche, le tengo miedo a todo.

Agustín: No hay nada que temer. No te preocupes, yo sé de estas cosas.

Ana: Pero se pone oscuro a la noche y no puedo ver nada.

Agustín: Jesús está contigo toda la noche. No te preocupes, yo sé de estas cosas.

Ana: Pero me siento sola cuando no hay nadie alrededor.

Agustín: Dios envía a sus ángeles para estar contigo. No te preocupes, yo sé de estas cosas.

Ana: ¿Quieres decir que realmente no hay necesidad de preocuparme?

Agustín: Dios siempre te amará. No te preocupes, yo sé de estas cosas.

Ana: Agustín, ¡estás repitiendo la misma respuesta!

Agustín: Porque Dios es la respuesta a nuestras preocupaciones. Él promete que nunca nos dejará.

Ana: ¿Estás seguro?

Agustín: No te preocupes, yo sé de estas cosas.

Ana: Agustín, ahí lo dijiste otra vez. ¿CÓMO sabes de estas cosas?

Agustín: ¡La Biblia lo dice! Nahum 1:7 dice: "El SEÑOR es bueno, un refugio en tiempos de angustia. Él tiene cuidado de aquellos que confían en él."

Ana: Gracias, Agustín. Creo que voy a dormir en paz esta noche.

Pasaje de la Escritura

Mateo 1:18-24. José estaba preocupado. Estaba comprometido con María cuando descubrió que ella iba a tener un bebé. José sabía que él no era el padre del bebé. Estaba preocupado ya que tal vez él debía cancelar la boda. Entonces Dios envió a un ángel a José en un sueño. El ángel dijo: "José, no tengas miedo de llevar a María a tu casa como tu esposa. El padre del bebé de María es Dios mismo. María dará a luz a un Hijo y tú le pondrás por nombre Jesús, porque él salvará a la gente de sus pecados." Cuando José se despertó, hizo como el ángel le había dicho. Y cuando el bebé de María nació, José lo llamó Jesús, porque él es el Hijo de Dios y el Salvador del mundo.

Oración

Amado Dios, gracias por cuidarme y velar por mí. Yo sé que puedo confiar en ti. Sé de estas cosas por la Biblia. Sé que tú me cuidaste de la mejor manera posible al enviar a tu Hijo Jesús para que quite mis pecados. Oramos en su nombre. Amén.

Jesús nace para ti y para mí

Propósito

Dios envió a Jesús al mundo para vivir una vida santa, para quitar nuestros pecados, y para conquistar a la muerte y al diablo porque nosotros no podíamos hacer ninguna de estas cosas por nosotros mismos.

Procedimiento

Ana: ¡Agustín! ¡Necesito ayuda!

Agustín: ¿Qué puedo hacer por ti?

Ana: ¿Puedes sostener a mi cachorrito por unos minutos?

Agustín: Seguro, puedo hacer eso.

Ana: ¡Agustín! ¡Necesito ayuda!

Agustín: ¿Qué puedo hacer por ti?

Ana: ¿Puedes levantar esa caja pesada?

Agustín: No, no puedo hacer eso. Tendrás que hacer que tu papá te ayude.

Ana: ¡Agustín! ¡Necesito ayuda!

Agustín: ¿Qué puedo hacer por ti ahora?

Ana: Nuestra maestra nos dijo sobre la ley de Dios. Pero yo peco y desobedezco. Necesito ayuda.

Agustín: Oh, Ana. No puedo ayudarte. Tu papá no puede ayudarte tampoco. Solamente Jesús puede ayudarte con ese problema.

Ana: ¿Piensas que Jesús va a ayudarme?

Agustín: Jesús ya lo ha hecho. Es por eso que Jesús nació en la tierra, para tomar nuestro lugar al vivir una vida perfecta, y para tomar nuestro lugar al sufrir el castigo del pecado en la cruz.

Ana: ¡Jesús es más que mi ayudador, Jesús es mi Salvador!

Pasaje de la Escritura

Lucas 2:1-20. El gobernante del mundo romano hizo una ley por la cual todos tenían que ir a la ciudad de origen de su familia para ser censados y contados. Entonces José y María viajaron mucho para llegar a la pequeña ciudad de Belén. Ellos fueron a Belén porque ésa era la ciudad de origen de David. Los dos, María y José, eran de la línea de la familia de David. Qué largo era el viaje. Viajar llevaba mucho tiempo en esos días porque no había autos ni aviones. Además María iba a tener un bebé. Ellos caminaron y caminaron. Cuando llegaron a Belén, se quedaron en un establo con algunos animales porque no había espacio para ellos en ningún otro lado. Cuando el bebé de María nació, María lo envolvió en telas ajustadas y lo puso en un pesebre. Los ángeles le contaron a los pastores sobre el bebé Jesús mientras ellos cuidaban a las ovejas en las colinas de las afueras de Belén. Los pastores vinieron a adorar al bebé Jesús. ¡Ellos estaban muy felices y les contaron a todos que habían visto que Jesús vino para ser el ayudador y el salvador de todos en el mundo entero!

Oración

Querido Jesús, nunca podré agradecerte lo suficiente por haber dejado tu hogar en el cielo para nacer como un bebé en la tierra. Tú hiciste todo por nosotros. Nos das perdón, vida y salvación. Y por tu salvación, nosotros te vamos a agradecer y adorar eternamente en el cielo. Oramos y adoramos tu santo nombre. Amén.

Los reyes magos adoran a Jesús

Propósito

Dios envió a Jesús para ser el Salvador de todo el mundo; por su gran amor le ofrecemos nuestros regalos de gratitud y alabanza.

Procedimiento

(Tal vez Ana puede estar colocando a los reyes magos en una escena de Navidad)

Ana: Me encanta la historia bíblica sobre los reyes magos. Me encanta pensar en sus trajes elegantes y en las cajas doradas con regalos caros que le trajeron a Jesús. Si yo tuviera mucho dinero, me pondría un traje elegante y llevaría cajas de oro a Jesús. Pero no tengo nada que darle.

Agustín: Eso no es verdad, Ana. Tú tienes un montón de regalos con los que Jesús estaría contento.

Ana: No puedo pensar en ninguno.

Agustín: Bueno, Jesús mismo dijo en la Biblia que cuando tú ayudas a otra persona, ¡es exactamente lo mismo que si se lo hicieras a Jesús!

Ana: ¡Eso es increíble!

Agustín: Jesús dijo en Mateo 25: "Tuve hambre y ustedes me dieron de comer, tuve sed y me dieron de beber. Fui extranjero y me dieron alojamiento... Cualquier cosa que ustedes hicieron por uno de estos... más humildes, por mí mismo lo hicieron."

Ana: Si yo ayudo a mucha gente, ¿Jesús va a amarme más?

Agustín: No es así como funciona, Ana. Lo que hagamos no hace que Dios nos ame más o menos. No puedes ganarte el amor de Jesús. Su amor es un regalo para ti, y su regalo es gratis; lo llamamos gracia.

Ana: Lo entiendo ahora. Mis regalos para Jesús son "gracias, gracias" por todos los regalos mayores que él nos da.

Agustín: Y su mayor regalo fue cuando él murió y resucitó otra vez para salvarnos del pecado, de la muerte, y del diablo.

Ana: Creo que voy a estar ocupada ahora. ¡Tengo una vida de "gracias" por delante!

Pasaje de la Escritura

Mateo 2:1-12. Después de que Jesús nació, unos sabios vinieron del Este para adorar al bebé Jesús. Ellos siguieron a una estrella especial que Dios había ubicado en el cielo para guiarlos. Los sabios viajaron y viajaron siguiendo a la estrella. Finalmente, la estrella se detuvo sobre una casa en Belén. Al entrar en la casa, los sabios encontraron al niño Jesús con María, su madre. Ellos reverenciaron y adoraron al Salvador. Luego los sabios le ofrecieron a Jesús los regalos que habían traído consigo: oro, incienso y mirra. La llegada de los sabios para adorar a Jesús nos recuerda que Jesús vino a ser el Salvador de toda la gente, hasta de aquellos que viven en lugares lejanos.

Oración

Querido Jesús, te adoramos y agradecemos por ser nuestro Salvador, por quitar nuestros pecados, y ofrecernos vida eterna en el cielo. Nunca podremos agradecerte lo suficiente, pero ¡GRACIAS! Amén.

Jesús crece

Propósito

Dios nos bendice durante nuestros años de crecimiento y más aún. Él nos da su mejor bendición desde siempre: a Jesús, nuestro Salvador y amigo.

Procedimiento

Ana: *(llorando)* Éste es el peor, el día más horrible de mi vida. ¡Buahhhh!

Agustín: Ana, ¿qué ocurrió que es tan horrible?

Ana: Nada anduvo bien hoy. Traté de andar en mi bicicleta nueva, pero simplemente no pude hacerlo. Luego me caí y me lastimé la rodilla. Y como si fuera poco, mi rodilla empezó a sangrar en mi vestido rosa nuevo. Y al mediodía comimos chucrut. Y luego derramé mi leche.

Agustín: Eso no suena terrible. Pero si te ayuda, quiero que sepas que entiendo cómo te sientes. Después de todo, soy un niño también. Las mismas cosas me ocurren a mí.

Ana: ¡Buahhhh! Ésa es la peor parte de esto. Los adultos como mi mamá y mi papá simplemente no entienden qué se siente ser niño.

Agustín: Sí, entienden. Después de todo, tu mamá y tu papá fueron niños una vez también.

Ana: ¿Lo fueron?

Agustín: Sí, y apuesto que ellos recuerdan algunas de las cosas buenas de ser niño.

Ana: ¿Como qué?

Agustín: Como tener vacaciones de la escuela, y jugar mucho con juguetes, y que tu abuelo te levante y te haga dar vueltas.

Ana: Tienes razón, Agustín. Dios nos ha bendecido con muchas cosas.

Agustín: Y una de las mejores cosas es que Jesús también entiende porque él también fue niño una vez. Jesús tuvo amigos y jugó juegos y fue a la escuela.

Ana: Sin embargo había una gran diferencia, él no pecó como lo hacemos nosotros. Él vivió una vida perfecta por nosotros.

Maestra: Esto es lo que la Biblia nos cuenta sobre Jesús en Lucas 2:40: "El niño crecía y se hacía fuerte; y se llenaba de sabiduría; y la gracia de Dios estaba sobre él."

Pasaje de la Escritura

Lucas 2:40, 51-52. Jesús es el Hijo de Dios, pero nació de María como un bebé pequeño. Después de que Jesús nació en Belén, María y José lo llevaron con ellos de regreso a su hogar en Nazaret. Aquí Jesús creció. Aprendió a gatear y luego a caminar. Jesús ayudó a sus padres. Fue a la escuela y jugó con amigos. Jesús hizo muchas de las mismas cosas que tú haces. Jesús se hizo más alto y alto, creciendo más y más cada año. Jesús aprendió muchas cosas nuevas. Obedeció a María y a José. Su maestro le enseñó a leer la palabra de Dios. Y Dios en el cielo miraba a su Hijo. Dios estaba orgulloso de Jesús. Jesús vino a la tierra para salvar a toda la gente de su pecado.

Oración

Amado Jesús, muchas gracias por entender los problemas que los niños tienen y por bendecirnos de tantas maneras. Gracias por ser nuestro mejor amigo, por dar tu vida por nosotros en la cruz para que tengamos vida, perdón y redención, ahora y para siempre en el cielo. En tu santo nombre oramos. Amén.

Juan bautiza a Jesús

Propósito

Honrar el Bautismo como una obra de Dios, y agradecer por sus bendiciones.

Procedimiento

(Ana pasa discretamente sosteniendo una jarra o vaso de agua)

Agustín: Oye Ana, ¿a dónde vas con esa agua?

Ana: Voy a bautizar a mis muñecas.

Agustín: ¡Alto ahí! ¡Espera un minuto! El bautismo no es un algo para jugar. Es un regalo importante de Dios. La Biblia nos dice que Jesús dijo: "Vayan y hagan discípulos a todas las naciones, bautizándolas en el nombre del Padre del Hijo y del Espíritu Santo."

Ana: Bueno, tendré cuidado cuando bautice a mis muñecas.

Agustín: Todavía no lo entiendes, Ana. El bautismo no es para muñecas. ¡Es para la gente! Es para la gente porque necesitamos el perdón de nuestros pecados que Jesús ofrece.

Ana: Es sólo un poco de agua.

Agustín: Equivocada otra vez. El Bautismo no es simple agua, el Bautismo es agua que está conectada con la palabra de Dios por el mandato y la promesa de Dios. Es por eso que la mayoría de las veces un Bautismo es realizado en la iglesia por el pastor.

Ana: Creo que entiendo ahora. El Bautismo es un regalo especial de Dios, entonces lo honraré y le agradeceré a Dios en vez de jugar de manera tonta.

Agustín: ¡Ahora lo entiendes! En el Bautismo, Dios nos hace sus hijos. Hasta Jesús fue bautizado.

Ana: ¿Lo fue? ¿Por qué? Jesús no tenía ningún pecado que lavar.

Agustín: Eso es exactamente lo que Juan el Bautista le dijo. Pero Jesús quería cumplir todas las órdenes de Dios mientras vivía una vida perfecta en nuestro lugar. Una vez más, Jesús nos muestra la voluntad de Dios para nuestras vidas. ¡Dios quiere darnos perdón, vida y salvación a través de Jesús!

(Ana se va, llevando el agua)

Agustín: ¿Adónde vas ahora?

Ana: Voy a usar esto para regar algunas plantas. Y luego voy a decir una oración agradeciendo a Dios por sus muchos regalos para nosotros como la bendición del Bautismo.

Pasaje de la Escritura

Mateo 3:13-17. Jesús vino a la tierra para salvarnos de nuestros pecados. Jesús es santo. Él nunca hizo nada malo. Un día él le pidió a un predicador llamado Juan que lo bautice. Juan no quería bautizar a Jesús. Él sabía que Jesús no había pecado. "Yo debería ser bautizado por ti", le dijo Juan a Jesús. Pero Jesús dijo: "Bautízame para cumplir con la voluntad de Dios." Entonces Juan bautizó a Jesús en el río Jordán. Luego una cosa sorprendente ocurrió. Él Espíritu Santo vino a Jesús en forma de una paloma, y la voz de Dios el Padre habló desde el cielo. Él dijo: "Éste es mi Hijo amado, en quien me complazco."

Oración

Querido Jesús, gracias por lavar mis pecados. Por favor bendíceme con el Espíritu Santo, que obra a través de la palabra de Dios, para que yo pueda vivir como un hijo de Dios. Amén.

Jesús llama a sus discípulos

Propósito

Dios nos llama por gracia al arrepentimiento y a la fe; él nos llama a ser sus discípulos para compartir el mensaje del evangelio y para mostrar su misericordia a otros.

Procedimiento

(Los dos títeres corren a sus posiciones)

Agustín: *(jadeando y resoplando)* Oh-h-h-h, ¡ésa fue una carrera larga! ¡Estoy tan contento de que terminó!

Ana: *(también jadeando y resoplando)* ¡Fue divertido, sin embargo! Sólo piensa, Agustín, ¡GANAMOS la carrera!

Agustín: No, empatamos, Ana.

Ana: Empatar está bien.

Agustín: Sí. Empatar es grandioso porque el dinero del primer puesto que ganamos irá al hospital para comprar cosas que los niños necesitan.

Ana: Correcto, Agustín, los niños en el hospital necesitan algunos juegos y libros y muñecas y autos de carreras nuevos para animarse. ¡Esa carrera ayudará a comprar algunos juguetes especiales para los niños!

Agustín: Estoy taaaaan cansado, pero también estoy taaaan contento. ¡Esto va a ayudar a algunos niños enfermos o lastimados a ponerse contentos y sentirse mejor!

Ana: Nosotros siempre tenemos una razón para estar contentos, por causa de Jesús. Estoy contenta porque puedo compartir su amor al ayudar a otros y al contarles sobre Jesús nuestro Salvador.

Agustín: Dios nos ha bendecido realmente. Él nos deja hacer algo que hacemos bien –correr– para ayudar a otros.

Ana: Y los dos hablamos mucho. Estoy segura de que Dios puede bendecirnos para ser sus ayudantes, al hablar a la gente sobre el amor y el perdón de Dios.

Agustín: ¿Qué quieres decir con que "Yo hablo mucho"? *(pausa)*. Creo que tienes razón. ¡Pidámosle a Dios que nos ayude siempre a ayudar a otros, porque él nos ha ayudado de la mejor manera posible a través de Jesús!

Pasaje de la Escritura

Mateo 4:18-22. Cuando Jesús se hizo hombre empezó su ministerio predicando sobre el amor y el perdón de Dios. Un día caminaba al lado del mar de Galilea. Allí vio a dos hermanos, Pedro y Andrés. Ellos estaban usando una red para pescar. "Vengan y síganme", Jesús les dijo, "yo voy a hacerlos pescadores de hombres". De inmediato los hermanos dejaron su trabajo y siguieron a Jesús. Luego Jesús vio a otros dos hermanos, Santiago y Juan. Ellos también estaban pescando con sus redes. Jesús los llamó también y ellos inmediatamente dejaron sus redes y lo siguieron. Jesús reunió a un grupo de doce ayudantes o discípulos como sus primeros seguidores. Jesús ha llamado a muchos otros, incluyéndonos a ti y a mí, a través del mensaje del evangelio. Él nos pide que compartamos su mensaje de salvación y mostremos misericordia a otros.

Oración

Querido Jesús, gracias por la salvación que nos das mediante tu muerte en la cruz y tu resurrección a la vida en la Pascua. A través de ti nosotros tenemos perdón de pecados y vida eterna. Ayúdanos a ayudar a otras personas a escuchar tu mensaje del evangelio para que ellos también puedan ser salvos por la fe en ti. Oramos en tu nombre. Amén.

Jesús mantiene a sus amigos a salvo durante una tormenta

Propósito

Jesús es verdadero Dios. Él tiene el poder para protegernos del viento y de las olas, y del pecado, y de Satanás.

Procedimiento

(Ana está durmiendo debajo de una frazada pequeña cuando se escuchan ruidos de tambor)

Ana: *(con voz asustada)* ¿Qué fue eso? Se escucha como una tormenta afuera.

(ruido de tambor otra vez) ¡Oh, no! Truenos y relámpagos. *(Ana se esconde debajo de la frazada.)*

Maestra: (espiando debajo de la frazada) Ana, ¿estás bien?

Ana: ¡Tengo miedo! *(más sonidos de tambor)* ¡O-o-o-o! ¡Ayúdame! ¡Sálvame!

Maestra: Yo conozco una historia sobre unos adultos que tuvieron miedo de una tormenta.

Ana: ¡Entonces no soy la única que se asusta!

Maestra: Tú puedes hacer lo mismo que ellos cuando tienes miedo.

Ana: *(interesada, gateando fuera de la frazada)* Cuénteme, ¿Qué hicieron?

Maestra: Fueron a Jesús y le pidieron ayuda.

Ana: *(salta)* ¡Buena idea! Le voy a pedir ayuda a Jesús justo ahora. Querido Jesús, por favor ayúdame. Tengo miedo de la tormenta. Amén. *(Sonidos de tambor; Ana salta debajo de la frazada)* No funcionó, maestra. Todavía sigue la tormenta.

Maestra: Recuerda, Jesús no dijo que nos dará todo lo que queramos. Pero él nos ayudará en la manera que él conoce que es mejor y al tiempo exacto. Tal vez Jesús planea ayudarte de una manera distinta.

Ana: ¿Cómo podría hacer eso?

Maestra: Tal vez esta vez Jesús podría dejar que la tormenta continúe para que las plantas tengan agua fresca. Tal vez Jesús planea hacer que tú dejes de oír la tormenta al ayudarte a dormir.

Ana: Creo que tiene razón. *(bosteza)* Estoy un poco cansada. Creo que cerraré mis ojos justo ahora y no voy a pensar en la tormenta nuevamente *(Ana se duerme y ronca suavemente.)*

Pasaje de la Escritura

Marcos 4:35-41. Era el final de un largo día de prédica y enseñanza. Jesús se estaba cansando. Él les dijo a sus discípulos: "Vayamos al otro lado del lago." Ellos entraron en una barca y empezaron a cruzar el Mar de Galilea. Mientras estaban cruzando el lago, una tormenta terrible apareció y grandes olas chocaban contra los lados de la barca. Los discípulos tuvieron miedo de ahogarse. Jesús estaba durmiendo tranquilamente en la parte de atrás de la barca. Temiendo que morirían, los discípulos despertaron a Jesús, quien se levantó y le dijo a las olas: "¡Callen! ¡Quietas!" Inmediatamente el viento se calmó y todo volvió a estar completamente calmo. Los discípulos estaban asombrados. Ellos decían: "¡Hasta el viento y las olas obedecen a Jesús!"

Oración

Querido Jesús, confío en tu gran poder porque tú eres verdadero Dios. Tú estás conmigo en los problemas de esta vida, y tú me has rescatado del mayor de todos los problemas: el pecado, la muerte, y el poder del diablo. Gracias por bendecirme. Amén.

Jesús resucita a una pequeña niña

Propósito

Dios bendice nuestras vidas ahora y eternamente en el cielo a través de la gracia de Jesús.

Procedimiento

Agustín: *(débilmente, envuelto con una pequeña frazada)* cof, cof. ¡Achís!

Ana: Maestra, creo que Agustín está enfermo. Oh, pobre Agustín.

Maestra: Agustín necesita ayuda. Agustín necesita un pañuelo de papel. *(La maestra sostiene un pañuelo delante de la nariz de Agustín.)*

Agustín: Cof, cof. ¡Achís!

Ana: Sólo ayudó un poquito. Todavía está enfermo.

Maestra: Me pregunto si Agustín tiene fiebre. *(Le pone un termómetro en la boca.)*

Ana: Vea, sí tiene fiebre. Y todavía está enfermo.

Agustín: Cof. ¡Achís! ¡Achís! ¡Achís!

Maestra: ¡Otra frazada, rápido! Manténganlo calentito. *(Agregue una segunda frazada pequeña.)*

Agustín: ¡Achís! ¡Achís! ¡Achís!

Ana: Yo sé qué hacer. Pongámosle una curita. *(Le pega una curita en el brazo.)*

Ana: ¿Te sientes mejor, Agustín? ¿Te ayudó?

Agustín: ¡A-a-a-achís! No creo que una curita cure un resfrío.

Ana: Probemos con el remedio de mi abuela: ¡Sopa de pollo! *(Simule alimentarlo con sopa.)*

Agustín: ¡A-a-a-achís!

Maestra: Creo que hemos hecho todo lo posible para ayudar a Agustín. Pero nos hemos olvidado dónde empezar. La Biblia nos cuenta sobre un padre que fue a Jesús por ayuda. Le pidió a Jesús que ayude a su hijo enfermo.

Agustín: *(débilmente)* Gracias a todos. Y gracias Jesús, por escuchar nuestras oraciones.

Ana: ¿Quieres algo más, Agustín?

Agustín: *(débilmente)* Me gustaría que alguien me contara la historia sobre Jesús ayudando a un niñito enfermo.

Pasaje de la Escritura

Marcos 5:21-23; 35-43. Una gran multitud de gente se había reunido alrededor de Jesús para escuchar sus palabras sobre el amor y el perdón de Dios. Un importante gobernante llamado Jairo vino a Jesús. Cayendo a los pies de Jesús, el hombre rogó: "Mi pequeña hija se está muriendo. Por favor ven y sánala." Entonces Jesús fue con él. En el camino, algunas personas vinieron de la casa de Jairo. Ellos dijeron: "No necesitas molestar a Jesús. Tu pequeña hija está muerta." Jesús dijo: "No tengas miedo, sólo cree." Cuando llegaron a la casa de Jairo, la gente estaba llorando porque la niña había muerto. Jesús fue a la habitación donde la niña yacía en su cama, le tomó la mano y dijo: "¡Niñita, levántate!" Inmediatamente la niñita volvió a la vida. Ella se levantó, caminó y estaba lista para comer. Todos estaban completamente sorprendidos.

Oración

Querido Jesús, yo sé de tu gran poder para dar vida y sanidad. Gracias también por la promesa del cielo, donde hay sanidad total y vida eterna. Amén.

Jesús le enseña a sus amigos a orar

Propósito

Jesús quita nuestros pecados y nos hace hijos de Dios. Nos invita a hablarle en oración.

Procedimiento

Agustín: *(canturreando)* ¡Nah, nah! ¡Na-nah, nah! Mi foto es más linda que la tuya.

Ana: No lo es. ¡Malo!

Agustín: *(canturreando)* No me atrapas. Yo corro más rápido.

Ana: No quiero atraparte. No quiero ser tu amiga.

Agustín: Bueno, peor para ti. Tengo otro amigo. Jesús me quiere más.

Ana: ¡No es cierto! ¡Jesús me quiere a mí más! ¡No estoy siendo mala como tú!

Agustín: *(a la maestra)* ¿A quién quiere más Jesús? ¿A mí? ¿O a Ana?

Maestra: Me temo que ambos están equivocados. Jesús no quiere más a uno que a otro. Él ama a todos por igual. A Dios no le gusta las discusiones que ustedes tienen. Pero él continúa amándolos. Es por eso que envió a Jesús para quitar nuestros pecados y hacernos sus hijos. Por causa de Jesús, podemos hablar con Dios en oración, contarle que lamentamos pecar y agradecerle que él nos perdona a través de Jesús. Porque Jesús nos hizo hijos de Dios, nosotros podemos hablar con él en oración como nuestro Padre en el cielo.

Agustín: ¡Oye, esas palabras suenan conocidas! "¡Padre Nuestro... en los cielos!"

Maestra: Ésas son las palabras que Jesús dijo al comienzo de la oración que nos enseñó.

Ana: ¡Las propias palabras de Jesús para que nosotros oremos! ¡Eso es genial! ¡Oremos juntos esas palabras!

Pasaje de la Escritura

Mateo 6:5-15. El Padrenuestro:

(ALABANZA) Padre nuestro que estás en los cielos.
Santificado sea tu nombre.
Vénganos tu reino.
Hágase tu voluntad así en la tierra como en el cielo.

(PEDIDOS) El pan nuestro de cada día dánoslo hoy.
Y perdónanos nuestras deudas
así como nosotros perdonamos a nuestros deudores,
y no nos dejes caer en tentación,
mas líbranos del mal.

(ALABANZA) Porque tuyo es el reino, el poder y la gloria
por los siglos de los siglos. Amén.

Oración

Guíe a los niños a orar el Padrenuestro. Diga una línea de la oración y que ellos repitan sus palabras.

Jesús sana al hijo de un oficial

Propósito

La palabra de Dios es verdadera y poderosa. Su Palabra en el evangelio nos ofrece vida y salvación en Cristo Jesús.

Procedimiento

(Ana saca una caja con tapa y la ubica enfrente de Agustín.)

Ana: ¡Hola, Agustín! ¿Quieres mirar adentro? ¡Te va a gustar lo que vas a ver!

Agustín: No, gracias, Ana. No confío en ti.

Ana: ¡Qué! ¿Por qué no confías en mí?

Agustín: Hubieron demasiadas veces en que me engañaste.

Ana: Esto no es un chiste. Puedes confiar en mí.

Agustín: Tendrás que mostrarme que eres de confiar antes de que te crea.

Ana: *(tristemente)* Tienes razón, Agustín. No soy de fiar. *(Ana saca una víbora de goma o un insecto de plástico de la caja)* Iba a asustarte. Lo lamento.

Agustín: Estoy muy contento de que Jesús es de fiar. Nunca nos desilusiona. Su palabra es siempre verdadera.

Ana: ¿Piensas que puedo confiar en que Jesús me perdonará por no haber sido honesta?

Agustín: Puedes confiar en que Jesús perdona.

Ana: ¿Piensas que podemos estar seguros de que Jesús mantendrá su promesa de llevarnos al cielo?

Agustín: Puedes confiar en Jesús. Él siempre ha guardado sus promesas y no se detendrá ahora.

Maestra: Escuchen lo que la Biblia dice en Josué 23:14: "Ustedes bien saben que ninguna de las buenas promesas del Señor su Dios ha dejado de cumplirse al pie de la letra. Todas se han hecho realidad, pues él no ha faltado a ninguna de ellas." ¡Cuando Jesús lo dice, es verdad!

Pasaje de la Escritura

Juan 4:46-54. Un día Jesús estaba enseñando en la ciudad de Caná. Un hombre que era oficial real de Capernaum, una ciudad de los alrededores, vino a Jesús por ayuda. Le rogó a Jesús que viniera rápidamente y sanara a su hijo, que estaba muriendo. Jesús dijo: "Te puedes ir. Tu hijo vivirá." El hombre confió en las palabras de Jesús y regresó a su ciudad. Mientras iba de camino a casa, sus sirvientes vinieron para saludarlo con las buenas noticias de que su hijo estaba bien ahora. Entonces el padre preguntó a qué hora su hijo se puso mejor. Los sirvientes dijeron: "La fiebre lo dejó ayer a la hora séptima." El padre se dio cuenta de que esa era la hora exacta en que Jesús le dijo a él: "Tu hijo vivirá." Él y toda su familia creyeron en Jesús como el Hijo de Dios. Nosotros confiamos en su palabra de que él nos dará perdón, vida y salvación a través de su muerte y resurrección.

Oración

Querido Dios, fortalece mi fe para confiar en tu Palabra. Tú eres siempre fiel y verdadero. Tú derramas tus bendiciones sobre mi vida ahora y hasta la eternidad. En el nombre de Jesús. Amén.

Jesús alimenta a 5000 personas

Propósito

Dios nos cuida, proveyendo lo que necesitamos para nuestro cuerpo y alma.

Procedimiento

(Ana y Agustín están sentados uno al lado del otro en el ómnibus escolar. Agustín tiene una gaseosa y un chupetín o paleta.)

Agustín: Espero que este ómnibus escolar no vaya rápido. Quiero tiempo para comer y tomar esto.

Ana: ¡Agustín! Se supone que no debes comer en el ómnibus. Vas a hacer un enchastre.

Agustín: Bueno, tengo que desayunar, ¿no?

Ana: ¿Ése es tu desayuno?

Agustín: ¡Seguro! Me encantan los chupetines y la gaseosa.

Ana: ¡Pero ése no es un buen desayuno! Necesitas algo que te ayude a crecer y te dé energía.

Agustín: ¿Como qué?

Ana: Como las frutas y las verduras. Dios nos ha bendecido con mucha comida nutritiva. Él quiere que nosotros cuidemos bien a nuestros cuerpos al comer las cosas apropiadas.

Agustín: ¿Quieres decir que no puedo comer más chupetines? ¿Nunca más?

Ana: Sí, de vez en cuando, ¡pero no para el desayuno!

Agustín: Bueno. Mañana comeré cereales para el desayuno.

Ana: ¡Genial! Te sentirás mejor y tendrás mucha energía todo el día.

Maestra: Dios nos bendice con lo que necesitamos para nuestro cuerpo y alma. Escuchen el Salmo 145:15-16 que nos dice que Dios cubre nuestras necesidades diarias: "Los ojos de todos esperan en ti, y tú les das su comida a su tiempo. Abres tu mano y satisfaces los deseos de todos los seres vivos." Y luego el Salmo 145 continúa diciéndonos en los versículos 17 y 18 sobre nuestro amoroso Dios quien, como sabemos, cuida de nuestra alma a través de Jesús: "El Señor es justo en todos sus caminos, bondadoso en sus obras. El Señor está cerca de todos los que le invocan, de los que le invocan con sinceridad."

Pasaje de la Escritura

Juan 6:1-14. Un día, mucha, mucha gente vino a escuchar a Jesús. Él proveía para sus almas, al contarles sobre la gracia y la misericordia de nuestro amoroso Dios. Al final del día, Jesús sabía que también era tiempo de cuidar lo que sus cuerpos necesitaban. La gente estaba hambrienta, y estaban muy lejos de sus casas y lejos de cualquier ciudad donde podrían comprar comida. Solamente un niño había traído un almuerzo: dos pescados pequeños y cinco panes pequeños. Pero los discípulos se preguntaban: ¿Cómo podrían dos pequeños pescados y cinco panes pequeños alimentar a tanta, tanta gente? Jesús dijo una oración de gracias a Dios y empezó a pasar la comida. ¡Fue un milagro! Jesús repartió suficiente comida para que miles de personas tuvieran bastante que comer. Cuando todos terminaron, Jesús le dijo a sus ayudantes: "No desperdicien la comida." Ellos recogieron doce cestas de sobras.

Oración

Querido Dios, tú me bendices con más de lo que necesito. Dame un corazón agradecido que esté dispuesto a compartir lo que tengo con otra gente que necesita. En el nombre de Jesús, mi Salvador. Amén.

Jesús sana a diez hombres

Propósito

Dios nos sana el cuerpo y el alma y nos guía a responder en gratitud y reconocimiento.

Procedimiento

Ana: *(inclinada y llorando)* ¡Ay! ¡Mi rodilla! ¡Mi rodilla!

Agustín: ¿Qué pasó, Ana? ¿Por qué estás llorando?

Ana: Me caí y me lastimé la rodilla. Mira, está toda colorada y rayada.

Agustín: Ven, te ayudaré a levantarte.

Ana: *(intenta levantarse, todavía llorando)* No puedo. Me duele mucho.

Agustín: Sólo apóyate en mí. Puedes hacerlo.

Ana: ¡Estoy parada! ¡Lo logré! ¡Puedo caminar! Pero todavía me duele.

Agustín: Te ayudaré. Ven aquí y siéntate en los escalones.

Ana: ¿Qué voy a hacer ahora? Mi mamá no está en casa para ayudarme.

Agustín: Yo te ayudaré. Te lavaré la rodilla con jabón y agua. ¿Cómo se siente?

Ana: El jabón pica un poquito. Pero el agua se siente fresca.

Agustín: Aquí tienes una curita para ponerte en la rodilla.

Ana: *(más entusiasmada)* Está mucho mejor ahora. Tengo un montón de razones para estar agradecida. Estoy agradecida porque Dios me cura. Estoy agradecida porque Dios me dio un buen amigo como tú, Agustín. ¡Y también estoy agradecida porque mi mamá debe estar en casa ya que puedo oler galletitas con trocitos de chocolate horneándose justo ahora!

Agustín: ¡Galletitas! ¿Dijiste galletitas con trocitos de chocolate? ¡Ésa es una buena razón para agradecer!

Pasaje de la Escritura

Lucas 17:11-19. Diez hombres estaban enfermos de lepra y tenían muchas heridas feas por todo el cuerpo. Ningún médico o medicina podía ayudarlos a ponerse mejor. Un día los hombres vieron que Jesús venía. Ellos creían que Jesús podía ayudarlos, y le gritaron: "Jesús, ten misericordia de nosotros. Jesús ten misericordia de nosotros." Misericordia significa "lamentarse por otros y mostrar bondad". Los hombres querían que Jesús los ayudara. Jesús vio a estas personas muy enfermas, se preocupó por ellas, y quiso ayudarles. Jesús dijo: "Vayan con el sacerdote (el pastor) en el templo (la iglesia). Muéstrenle que ustedes están bien ahora." Los hombres creyeron las palabras de Jesús y fueron corriendo. Mientras corrían, vieron que sus heridas no estaban más. No estaban más enfermos. Un hombre volvió corriendo a Jesús tan pronto vio que estaba sano. El hombre se arrodilló ante Jesús y dijo: "¡Gracias, Jesús! ¡Gracias!" Jesús miró alrededor y dijo: "Sané a diez personas. ¿Dónde están los otros nueve? Levántate y vete; tu fe te ha sanado." Nosotros también queremos agradecer a Dios. Le agradecemos por perdonarnos cuando somos desagradecidos. Agradecemos a Dios por el regalo de la sanidad. Y especialmente agradecemos a Dios por el regalo de la fe en Cristo Jesús, nuestro Salvador.

Oración

Querido Señor, tú nos bendices de tantas maneras. Entonces sólo quiero decir: ¡Gracias! ¡Gracias! ¡Gracias! ¡Gracias! ¡Gracias! ¡Gracias! ¡Gracias! Amén.

Jesús ama a los niños

Propósito

Dios ama y salva a la gente de todas las edades; la gente de todas las edades necesita el perdón y la salvación que Jesús ofrece.

Procedimiento

(Agustín observa a Ana, quien está mirando de cerca un teléfono.)

Agustín: ¡Ana! ¿Qué estás haciendo?

Ana: *(tímidamente)* Yo... estoy simplemente mirando a este teléfono. No... no... no iba a tocarlo.

Agustín: Ana, te ves algo preocupada. ¿Qué ibas a hacer?

Ana: Bueno, yo sólo quería hablar con Jesús. Mi maestra dijo que podemos hablar con él en cualquier momento. Pero no sé su número de teléfono. ¿Lo... lo sabes?

Agustín: No necesitas llamarlo por teléfono, Ana. Todo lo que tienes que hacer es hablar y él te va a escuchar. Él puede oír el murmullo más suave. Hasta puede escuchar tus pensamientos.

Ana: Pero probablemente no me escuche a mí. Yo... yo... Yo soy demasiado pequeña.

Agustín: ¡Oh, Ana! ¡No eres demasiado pequeña! Dios ama a los niños. Y él ama a los adultos también. ¡Él puede escuchar todas nuestras oraciones al mismo tiempo y tiene el poder de contestarlas porque él es Dios!

Ana: ¿Está bien si no pido nada? ¿Está bien simplemente contarle lo que hice hoy?

Agustín: Eso sería genial, Ana. Jesús quiere escuchar sobre nuestros momentos felices así como también sobre nuestros problemas. Él es nuestro mejor amigo. Y a los amigos les gusta escuchar lo que los amigos tienen para decir.

Maestra: En la Biblia, Jesús dice: "Dejen a los niños venir a mí" (Marcos 10:14). Jesús no sólo vino a escucharnos y ayudarnos, él vino a salvarnos. Él es nuestro mejor amigo, quien dio su vida para que nosotros podamos tener vida en el cielo.

Ana: ¡Y en el cielo podré hablar con Jesús cara a cara! ¡Hurra!

Pasaje de la Escritura

Marcos 10:13-16. Un día algunos padres trajeron sus niños a Jesús. Ellos querían que él pusiese sus manos sobre ellos y los bendijese. Cuando llegaron cerca de Jesús, los discípulos los detuvieron. "No molesten a Jesús con sus niños", dijeron. "Él está muy ocupado para verlos." Pero Jesús detuvo a sus discípulos. Él quería que los padres trajeran a sus niños con él. Jesús dijo: "Dejen a los niños venir a mí. No se lo impidan. Quiero darles el reino de los cielos." Jesús tomó a los felices niños en sus brazos. Los sostuvo cerca de su corazón. Puso sus manos sobre ellos y los bendijo.

Oración

Amado Jesús, gracias por amarnos cualquiera sea nuestra edad. Sabemos que necesitamos tu perdón seamos pequeños o grandes, jóvenes o viejos. Toda la gente necesita la salvación. Tú nos la das. Necesitamos tu misericordia y gracia toda nuestra vida. Gracias por bendecirnos. En tu nombre oramos, sabiendo que tú escucharás y contestarás nuestras oraciones. Amén.

Jesús es misericordioso con Zaqueo

Propósito

Jesús llama a todos los pecadores al arrepentimiento y les ofrece perdón; él envía el Espíritu Santo, quien actúa en nosotros por medio de la palabra de Dios, para cambiar nuestros corazones y vidas.

Procedimiento

Agustín: Tú eres fea y tonta, Ana.

Ana: Ésa no es la manera de Jesús.

Agustín: No quiero compartir nada contigo ni con nadie más.

Ana: Ésa no es la manera de Jesús.

Agustín: No voy a ayudarte a juntar los juguetes.

Ana: Ésa no es la manera de Jesús.

Agustín: No quiero que seas mi compañera.

Ana: Ésa no es la manera de Jesús.

Agustín: Esta "manera de Jesús" es difícil. No creo que pueda hacerlo. Necesito ayuda.

Ana: Y la tienes. Dios sabe que no podemos hacer su voluntad y seguir su camino por nosotros mismos. Por eso él envió a Jesús para perdonarnos. Y él manda el Espíritu Santo, quien actúa a través de la palabra de Dios para cambiar nuestros corazones y vidas.

Agustín: Entonces cuéntame más sobre esta manera de Jesús.

Ana: Bueno, es la manera de Jesús cuando decimos cosas como: "Me gusta como te ves hoy."

Agustín: Ésa es la manera de Jesús.

Ana: "Compartir es una manera divertida y feliz de jugar."

Agustín: ¡Ésa es la manera de Jesús!

Ana: "Seré un ayudante a la hora de juntar los juguetes."

Agustín: ¡Ésa es la manera de Jesús!

Ana: "¿Quién no tiene compañero? Yo seré su amigo."

Agustín: ¡Ésa es la manera de Jesús! *(pausa)* Pero, Ana, creo que probablemente lo arruine otra vez.

Ana: Todos lo hacemos. Pero Jesús está siempre dispuesto a perdonarnos. ¡Ésa es la manera de Jesús!

Pasaje de la Escritura

Lucas 19:1-10. La mayoría de la gente no quería a Zaqueo porque había hecho muchas cosas malas. Él había engañado y mentido. Cuando una gran multitud vino a ver a Jesús, Zaqueo quiso verlo también. Pero Zaqueo estaba al final de la multitud, y era muy petiso para ver por sobre las cabezas de la gente. No podía saltar lo suficientemente alto, o abrirse paso. Entonces Zaqueo corrió hacia un árbol y lo trepó. Finalmente pudo ver a Jesús. Todos se sorprendieron al ver a Jesús caminar hacia el árbol donde Zaqueo estaba sentado. Jesús miró hacia arriba donde él estaba y dijo: "Zaqueo, baja. Voy a tu casa hoy." Zaqueo estaba muy contento. Él sabía que Jesús lo amó y lo perdonó. Zaqueo dijo: "Jesús, devolveré cualquier cosa que no me pertenezca. Si he tomado más de lo que debía, devolveré cuatro veces más."

Oración

Querido Señor, dame tu gracia y misericordia. La necesito cada día. En el nombre de Jesús. Amén.

Jesús lava los pies de sus discípulos

Propósito

Jesús vino humildemente a servir a otros, y nos llama a servir como pueblo de Dios redimido y perdonado.

Procedimiento

Agustín: Ana, te ves tan feliz hoy.

Ana: ¡Lo estoy!

Agustín: ¿Salió tu mamá del hospital? ¿Cómo se siente?

Ana: Oh, mucho mejor. Estaba realmente enferma. ¿Sabes qué hice para ayudar?

Agustín: No, ¿Qué?

Ana: Bueno, mi tía vino para cuidarnos, porque mamá estaba enferma. Papi dijo que todos teníamos que ayudar. Yo corrí a la cocina a lavar los platos, pero no era lo suficientemente grande. Así que traté de barrer el piso. Pero la escoba estaba rota. Luego traté de limpiar la basura, pero el cesto de basura se volcó. Estaba triste. Simplemente me senté. Luego pensé en algo. Junté mis manos. Le pedí a Dios que por favor ponga bien a mi mami.

Agustín: Ésa fue una buena idea, Ana. ¡Orar siempre ayuda! Siempre podemos hablar con Jesús y él está siempre dispuesto a escuchar y contestar nuestras oraciones.

Ana: Le conté a mi mami que oré por ella. ¡Ella dijo que saber de esa oración la alegró y la hizo sentirse mejor!

Pasaje de la Escritura

Juan 13:1-20. Jesús y sus amigos fueron a una casa a comer la Pascua. Jesús tenía mucho que decirle a sus discípulos porque él sabía que moriría en la cruz al día siguiente. Entonces Jesús hizo algo sorprendente, Jesús trajo un recipiente con agua y empezó a lavar los pies de sus discípulos. Ellos pensaban que Jesús no debía hacer eso por ellos. Pero Jesús no era orgulloso. Él vino a servir a otros. Cuando Jesús terminó, les preguntó: ¿Saben por qué les lavé los pies? Lo hice porque los amo. Si ustedes me aman, harán este tipo de cosas entre ustedes." Nadie es más importante que Jesús. Pero él estuvo dispuesto a ayudar a otros, hasta con el trabajo sucio de lavar los pies. Jesús nos enseña a compartir su amor con otros. ¡Jesús mostró su gran amor por nosotros al sufrir y morir voluntariamente en la cruz para quitar nuestros pecados!

Oración

Querido Señor, gracias por tu gran amor al rescatarme a través de Jesús. Guíame a través de tu Palabra, perdóname cuando fallo, y condúceme a vivir como tu hijo en Jesús. Amén.

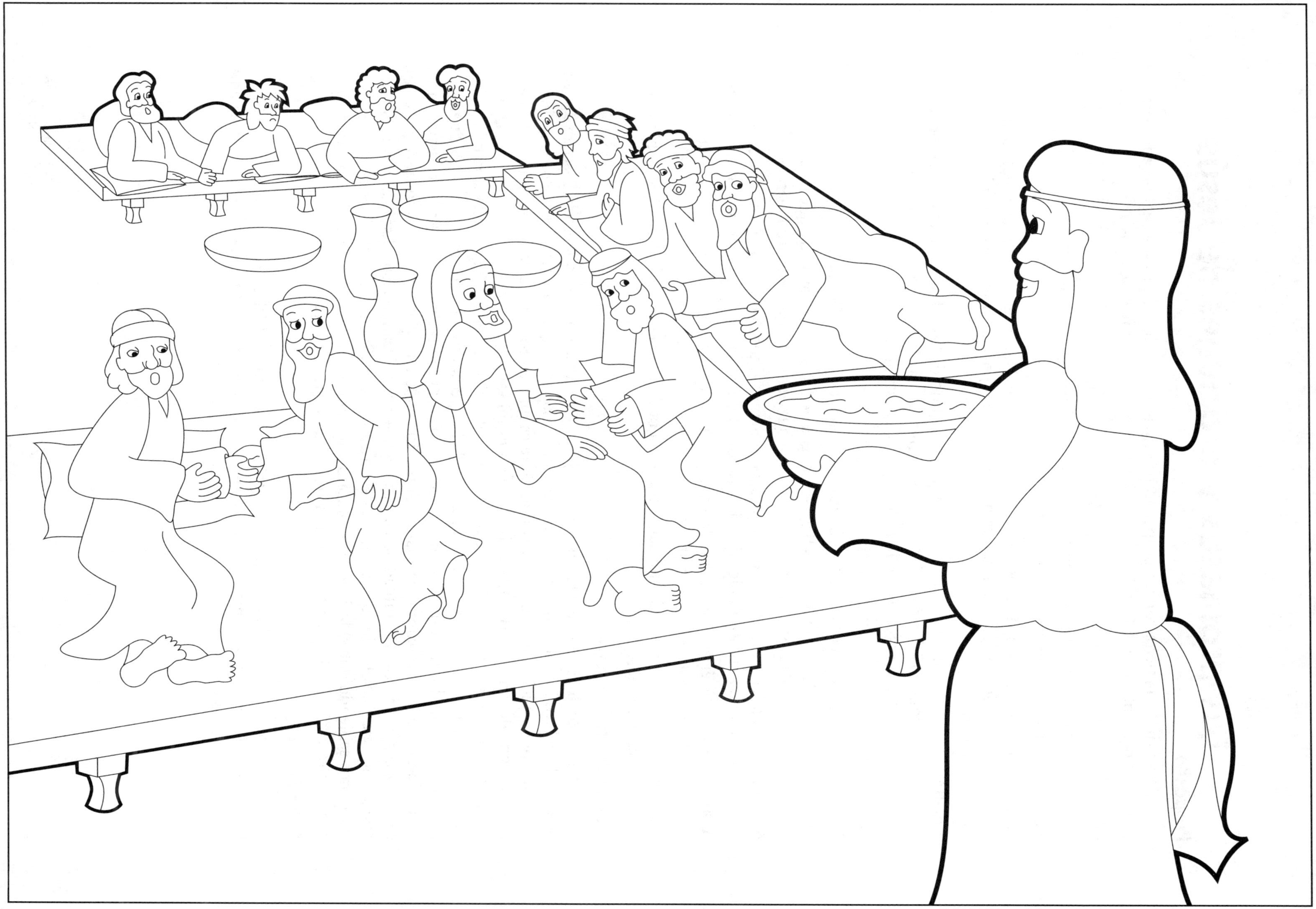

Las promesas y oraciones de Jesús

Propósito

Jesús vino a la tierra con un propósito principal: quitar nuestro castigo del pecado para que tengamos perdón, vida y salvación a través de él. Ésta es la voluntad de Dios.

Procedimiento

Ana: Tuvimos una maestra suplente en nuestra clase de natación hoy.

Agustín: ¿Qué es suplente?

Ana: El suplente ocupa el lugar de otro, lo sustituye. Hace algo que alguien más estaría haciendo. La señorita Roberta dio la clase hoy porque la señorita Eugenia estaba enferma.

Agustín: Así pasó con mi hermano mayor. En el partido de fútbol, el capitán del equipo se cayó y se lesionó el tobillo. Entonces mi hermano era el suplente. El entrenador envió a mi hermano al lugar del capitán del equipo a sustituirlo.

Ana: ¿Sabías que yo tengo un suplente también?

Agustín: ¿Qué pasó? ¿Por qué necesitamos un suplente? ¿Qué salió mal?

Ana: ¡El pecado! El pecado nos hace enemigos de Dios. Y no hay nada que podamos hacer para ayudarnos a nosotros mismos. Así que alguien tomó nuestro lugar.

Agustín: ¡Lo entiendo ahora! Jesús es nuestro suplente. Él tomó nuestro lugar. ¡Nosotros no podíamos cumplir la ley de Dios, así que Jesús la cumplió perfectamente por nosotros!

Ana: Y porque él nos ama tanto, Jesús tomó el castigo de nuestros pecados para que no seamos castigados eternamente.

Agustín: Jesús es nuestro suplente para que ahora podamos ser hijos de Dios! ¡Jesús hizo todo esto por nosotros!

Pasaje de la Escritura

Mateo 26:26-29, 36-46. Después de que Jesús y sus discípulos comieron la Pascua y luego de que él les lavó los pies, hizo algo sorprendente. Jesús tomó pan, lo partió en pedazos y lo dio a sus discípulos diciendo: "Tomen, y coman. Éste es mi cuerpo, que es dado por ustedes." Luego tomó la copa de vino y dijo: "Beban de ella. Ésta es mi sangre, la cual doy para perdón de sus pecados." Nosotros llamamos a esta comida especial la Santa Cena. Está conectada con la palabra de Dios y en ella nosotros recibimos el perdón de los pecados que Jesús nos prometió. Luego Jesús y sus discípulos fueron al jardín de Getsemaní a orar. Jesús habló a su Padre celestial, quien le dio fuerzas para el próximo día cuando él moriría en la cruz por nosotros. Jesús oró tres veces, cada vez confiando en la voluntad de Dios, y cada vez encontrando a sus discípulos dormidos. Luego ellos vieron soldados que venían a llevarse a Jesús. Aunque Jesús sufrió, podemos estar contentos sabiendo que él lo hizo voluntariamente para ser nuestro suplente para salvarnos. ¡Y conocemos el final feliz cuando Jesús resucitó de la muerte en la Pascua!

Oración

Amado Jesús, gracias por tomar mi lugar y mi castigo. Tú hiciste lo que yo nunca podría hacer. Tú eres santo, tú eres mi suplente, tú quitaste mis pecados, y tú ganaste la vida eterna en el cielo para todos los creyentes. En fe, te agradezco otra vez. Amén.

El juicio a Jesús

Propósito

Jesús era inocente, pero él tomó nuestra culpa y castigo para que estemos sin culpa ante Dios, quien nos llama como a sus propios hijos queridos.

Procedimiento

(Ana tiene sus manos sobre su cara.)

Maestra: Ana, ¿estás triste por algo?

Ana: No, ¡estoy enojada!

Maestra: ¿Cuál es el problema? Te ves tan disgustada.

Ana: Bueno, me metieron en problemas durante el recreo.

Maestra: Cuéntame sobre eso.

Ana: Un niño dijo que lo empujé y yo ni siquiera lo toqué. Alguien más lo hizo. Pero me metieron en líos. Tuve que sentarme en el banco por el resto del recreo.

Maestra: Ya veo porqué estás disgustada, Ana. No es divertido cuando estamos en problemas por algo que no hicimos. Conozco alguien más que fue castigado por algo que no hizo. ¿Sabes quién es?

Ana: ¡Sí! Sé que fue Jesús. Pero no entiendo eso tampoco. Estoy tan enojada por haber sido castigada por algo que no hice. Pero Jesús tomó el castigo voluntariamente. ¿Por qué?

Maestra: Jesús lo hizo porque él quería. Él nos ama. Él sabía que él era nuestra única esperanza. Solamente Jesús, el propio Hijo de Dios, podía salvarnos.

Ana: ¡Entonces Jesús no tenía culpa, sino gracia y misericordia!

Maestra: Jesús no hizo nada malo. ¡Él hizo todo por nosotros!

Pasaje de la Escritura

Marcos 14:43-15:20. Judas, uno de los discípulos de Jesús, hizo una cosa muy mala. Traicionó a Jesús. Guió a los enemigos justo hasta Jesús y ellos lo capturaron. Los soldados enemigos tomaron prisionero a Jesús. Más tarde esa noche Jesús fue enjuiciado ante el gobernador Pilato. Los enemigos de Jesús insistían que Jesús era un criminal y que debía morir. Pilato le hizo preguntas a Jesús pero no pudo encontrar nada malo en él. Entonces a Pilato se le ocurrió una idea. Trajo a un asesino llamado Barrabás de la cárcel. Pilato dijo: "Les daré una elección. Liberaré a uno de estos hombres. ¿Liberaré a Jesús?" "¡No, no a él!" dijeron sus enemigos. "Libera a Barrabás." Luego Pilato tuvo otra idea. Quería que la gente sintiera lástima por Jesús, así que le ordenó a los soldados que le pegaran con un látigo. Ellos formaron una corona de espinas y la pusieron en su cabeza. Luego los soldados se burlaron de Jesús y le pegaron en la cara. Pero los enemigos de Jesús aún gritaban: "¡Crucifícale! ¡Crucifícale!" Finalmente Pilato se rindió. Entregó a Jesús a los soldados y les dijo que crucificaran a Jesús en una cruz aunque Jesús no había hecho nada malo. Jesús fue castigado por nosotros. Él quito la culpa de nuestros pecados. Él hizo esto porque nos ama.

Oración

Amado Jesús, lamento mis pecados. Gracias por tomar el castigo en mi lugar. Gracias por las muchas bendiciones que tengo porque ahora soy un hijo de Dios, por medio de tu gracia y misericordia. En tu nombre, oramos. Amén.

Jesús murió por nosotros

Propósito

Jesús conquistó el pecado, la muerte y el poder del diablo para darnos perdón, vida y salvación.

Procedimiento

Agustín: Simplemente no lo entiendo.

Ana: ¿Qué pasa, Agustín?

Agustín: ¿Escuchaste que la maestra llamó al día en que Jesús murió un día santo?

Ana: Creo que lo llamó Viernes Santo.

Agustín: Sí, así lo llamó. ¡Viernes Santo! ¡No había nada de santo en ese día! Jesús sufrió. Jesús murió. *(Agustín sostiene un cuadro sombrío de Jesús en la cruz.)* Mira, no hay nada santo sobre eso.

Ana: Bueno, miremos otra cruz. *(Ana levanta una cruz dorada, hermosa, tal vez una de tu iglesia, que no muestra a Jesús en ella.)*

Agustín: Esa cruz es hermosa. ¿Pero cómo puede ser santa?

Ana: Una cosa buena y santa de esta cruz es que Jesús no está más en ella. La cruz está vacía. Y la tumba también está vacía. Jesús resucitó de los muertos en Pascua. Jesús está vivo.

Agustín: ¡Eso es bueno! Y ahora puedo pensar en otra cosa buena de la cruz. Es buena para nosotros porque Jesús hizo eso para quitar nuestros pecados. Es un viernes Santo porque es el día en que Jesús nos salvó del pecado y la muerte y del poder del diablo.

Ana: Ese triste viernes es más que un Viernes Santo, ¡es el mejor viernes!

(Los títeres levantan la cruz en alto en celebración de la obra salvadora de Jesús.)

Pasaje de la Escritura

Juan 19:17-42. Jesús fue arrestado por sus enemigos, encontrado culpable y sentenciado a morir en la cruz aunque él no había hecho nada malo. Esto no era justo, pero él voluntariamente sufrió en nuestro lugar para tomar el castigo por nuestros pecados. Los soldados llevaron a Jesús a una colina afuera de Jerusalén llamada Calavera. Allí clavaron las manos y los pies de Jesús a la cruz. Jesús oró por la gente que lo clavó a la cruz. Él le pidió a su Padre en el cielo que los perdone. Al mediodía, Jesús había estado en la cruz por tres horas y el sol estaba alto en el cielo. Pero de repente toda la tierra se puso oscura como la noche. Se quedó oscura por tres horas. Todo este tiempo Jesús estaba sufriendo por los pecados de todo el mundo. Finalmente Jesús gritó: "Todo está cumplido." Luego murió. Algunos de sus amigos sacaron su cuerpo de la cruz, lo envolvieron en una tela, y lo colocaron en una tumba. Ellos cerraron la puerta de la tumba con una gran piedra. Los soldados vigilaban la tumba de Jesús. ¡Pero éste no es el final de la historia! Como prometió, al tercer día, Jesús resucitó y volvió a la vida.

Oración

Amado Jesús, tú hiciste todas las cosas por mí. Tu obra por mi salvación está terminada. No hay nada que realmente yo pueda hacer para ti. Pero en gratitud, quiero vivir para ti. Confío en ti y cuento con que tú me guías en todos mis caminos. Amén.

La primera mañana de Pascua

Propósito

¡Pascua es una fiesta de victoria! ¡Jesús volvió a la vida y ganó la victoria sobre el pecado, la muerte y el poder del diablo!

Procedimiento

(Ana sostiene una lista larga. Ella está dando vueltas y tarareando.)

Agustín: ¡Oye, Ana! ¿Qué está pasando?

Ana: Tengo una lista completa de razones para estar feliz. Ésta es una lista con todas las razones de porqué me gusta la Pascua.

Agustín: Me gustaría escuchar esa lista.

Ana: ¡Bueno! Me gusta la Pascua por los conejitos. Me gusta la Pascua por todas las flores bonitas. Me gusta por los huevos decorados. Me gusta la Pascua por los caramelos de chocolate. Me gusta la Pascua por mi vestido y zapatos de Pascua nuevos. Me gusta la Pascua por...

Agustín: ¡Espera un minuto, Ana! Me estas contando todo lo que te gusta para comer, jugar y vestirte. No has dicho nada de lo que la Pascua realmente significa.

Ana: Lo lamento. Tienes razón, Agustín. Comenzaré una lista nueva. ¡Me gusta la Pascua porque Jesús está vivo!

Agustín: Me gusta la Pascua porque Jesús ganó la victoria sobre el pecado, la muerte, y el diablo.

Ana: Me gusta la Pascua porque Jesús nos da su victoria a nosotros.

Agustín: Me gusta la Pascua porque nuestro Salvador que vive nos da perdón, vida y salvación.

Ana: Me gusta la Pascua porque, ya que Jesús está vivo y vive eternamente, yo también viviré eternamente en el cielo.

Agustín: ¡Ésa es una lista por la cual estar feliz!

Pasaje de la Escritura

Mateo 28:1-10. Muy temprano el domingo por la mañana, algunas mujeres fueron a la tumba donde Jesús había sido sepultado. Ellas se preguntaban: "¿Quién quitará la piedra por nosotras?" Pero cuando las mujeres llegaron allí, vieron que la piedra ya había sido quitada de la entrada. Un ángel, brillando tan luminosamente como un relámpago, dijo: "Sé que están buscando a Jesús. Pero él no está aquí. Ha resucitado así como dijo que haría. Vayan y díganle a los discípulos." De inmediato las mujeres corrieron a contarle a sus amigos. De regreso a la ciudad, ellas se detuvieron repentinamente. Jesús estaba parado allí. Él las saludó y habló con ellas. ¡Qué día feliz! Ellas tenían tanto para contarle a todos. ¡Y éste era sólo el comienzo! Jesús se apareció muchas veces más a sus amigos, mostrando que él estaba verdaderamente vivo, y enseñándoles a todos lo que la Biblia nos cuenta sobre la salvación.

Oración

¡Aleluya! Señor, ¿a quién iremos? ¡Tú tienes palabras de vida eterna! ¡Aleluya!

Jesús se aparece a dos discípulos

Propósito

Dios reveló su plan de salvación a través del Antiguo Testamento, y lo cumplió en Jesús.

Procedimiento

Maestra: Ana, los escuché a ti y a Agustín hablando sobre su lista de Pascua.

Ana: Se refiere a mi lista nueva de Pascua.

Maestra: Bueno, realmente, tu lista vieja no es tan mala, si encontramos una manera de conectar esas cosas a la Pascua.

Ana: ¿Cómo se hace eso?

Maestra: Podemos usar algunas de esas cosas como símbolos de la Pascua. Un símbolo es una cosa que nos hace pensar en algo más.

Ana: ¡Eso es como un tigre! Un tigre me hace pensar en el equipo de fútbol de mi hermana mayor.

Maestra: Correcto. Los conejitos pueden ser símbolos de Pascua. Ellos nos hacen pensar en una vida nueva. En Pascua Jesús se levantó de los muertos a una vida nueva, y por Jesús, nosotros somos muertos al pecado y tenemos vida nueva en él.

Ana: Los lirios de Pascua son símbolos. La semilla que parece muerta se levanta como una flor hermosa. Y esas flores se parecen a las trompetas que oímos en la iglesia el domingo de Pascua.

Maestra: Las ropas nuevas que usamos nos recuerdan un versículo bíblico en Romanos 13: "Vístanse ustedes del Señor Jesucristo." Eso me hace pensar en Jesús cubriendo mis pecados y haciéndome una nueva criatura al cubrirme con su justicia.

Ana: No puedo pensar en ninguna conexión con el chocolate. Pero un huevo de Pascua me recuerda la tumba que guardaba a Jesús. Así, como un pollito rompe el cascarón, Jesús rompió la muerte y el sepulcro.

Maestra: ¡Él ha resucitado!

Ana: ¡Él ha resucitado en verdad! ¡Aleluya!

Pasaje de la Escritura

Lucas 24:13-35. Era la tardecita del domingo de Pascua. Dos discípulos estaban tristes caminado hacia su casa en Emaús, una pequeña ciudad a unos diez kilómetros de Jerusalén. Un par de días antes, su amigo Jesús había muerto en la cruz y había sido sepultado. Ellos no entendían que Jesús había resucitado y estaba vivo. De repente, un extraño estaba caminando con estas dos personas. El extraño dijo: "¿No lo entienden? La palabra de Dios dice que el Salvador moriría y volvería a vivir otra vez." El extraño les contó muchas otras cosas sobre el amor de Dios y el plan de salvación. Cuando los discípulos llegaron a su casa, ellos invitaron al extraño a quedarse para la cena. Mientras estaban comiendo, el extraño tomó el pan, dio gracias y lo partió en pedazos. ¡De pronto, los dos discípulos supieron que éste era Jesús! Y tan repentinamente como antes, Jesús desapareció. Los dos discípulos corrieron a la ciudad. ¡Se apuraron para contar las buenas noticias de que Jesús está vivo!

Oración

Amado Jesús, llena nuestros corazones con gozo para que también nosotros podamos compartir tu mensaje del evangelio con otros. Amén.

Jesús se aparece a Tomás

Propósito

Jesús nos ama y quiere que sepamos que él es nuestro Salvador que vive y nos perdona.

Procedimiento

(Coloque una caja grande que tenga el mensaje impreso "Sorpresa feliz". Saque a Ana y Agustín quienes parecen no haber visto la caja.)

Agustín: Hola, Maestra. ¿Cree que podamos jugar a la mancha en el recreo?

Ana: Hola, Agustín. Si jugamos a la mancha, ¿puedo ser primera?

(De repente los títeres se dan vuelta y ven la caja, dicen: "¡Mira!", y corren a inspeccionar cada centímetro del exterior de la caja.)

Agustín: ¡Mire esta caja! Maestra, ¿qué dice aquí?

Maestra: Dice: "Sorpresa feliz"

Ana: Oh, no puedo esperar. ¿Podemos mirar y ver la sorpresa feliz?

(Los dos títeres abren la caja cuidadosamente, miran adentro prudentemente, se enderezan para mirarse, y luego se meten en la caja a buscar frenéticamente. La maestra mira dentro de la caja y hace esta pregunta mientras los títeres salen de sopetón de la caja.)

Maestra: ¿Qué vieron ahí? ¿Cuál es la sorpresa feliz?

Agustín: *(saltando de gozo)* ¡Está vacía! ¡Está vacía! ¡Está vacía! ¡Hurra! ¡Está vacía!

Maestra: Ésa es una sorpresa. ¿Pero por qué te hace tan feliz?

Ana: Porque es un símbolo de Pascua. ¡Nos recuerda la sorpresa feliz que los amigos de Jesús tuvieron cuando fueron a su tumba y estaba vacía! ¡Qué sorpresa feliz!

Agustín: Y cuando conocieron la buena noticia, ellos querían contársela a todos. "¡Está vacía! ¡Está vacía! ¡Jesús está vivo!"

Maestra: ¡Jesús es verdaderamente nuestro Señor y nuestro Dios!

Pasaje de la Escritura

Juan 20:19-29. En la tardecita de Pascua, el día en que Jesús resucitó de los muertos, los discípulos estaban todos juntos. Todos, esto es, menos Tomás. Él no estaba con ellos esa noche. Los discípulos tenían miedo. Ellos pensaban que los enemigos que crucificaron a Jesús podrían venir por ellos también. Entonces se encerraron dentro de una casa. De pronto, Jesús apareció. Se paró ante ellos. "¡Paz sea con ustedes!, dijo Jesús. Luego Jesús les mostró a los discípulos las marcas de los clavos en sus manos y el lugar donde la lanza había entrado en su costado. Los discípulos se llenaron de gozo. Los discípulos estaban ansiosos por contarle a Tomás lo que se había perdido. Ellos le dijeron a Tomás: "¡Hemos visto al Señor!" Pero Tomás no les creyó. "No creeré a menos que ponga mis manos en el cuerpo de Jesús donde los clavos y la lanza le penetraron", dijo. Una semana más tarde Jesús apareció ante sus discípulos otra vez. Esta vez Tomás estaba con ellos. Jesús le dijo a Tomás: "Pon tu dedo en mis manos y mi costado. Deja de dudar y cree." Tomás se arrodilló ante Jesús y dijo: "¡Mi Señor y mi Dios!"

Oración

Amado Jesús, perdona las veces en que mi fe es débil. Fortalece mi fe a través del Espíritu Santo, quien obra a través de la palabra de Dios. En tu nombre oramos, agradeciéndote por las muchas bendiciones de la Pascua. Amén.

Jesús vuelve al cielo

Propósito

Jesús volvió corporalmente al cielo, pero permanece con nosotros aunque no podamos verlo. Él nos da la tarea de propagar el evangelio de salvación por el mundo.

Procedimiento

Ana: ¡Hola, Maestra! Tal vez usted pueda ayudarme a comprender. No lo entiendo. ¿Por qué mi mamá me pide que limpie mi cuarto? ¿Y si rompo algo? Estaría mucho más limpio si ella lo hiciera todo. Lo terminaría mucho más rápido. Y lo haría bien.

Maestra: Creo que tu mamá te está dando una responsabilidad. Te está confiando un trabajo. Ella sabe que crecerás como persona haciendo cosas por otros. Y no estás sola; estoy segura de que ella está cerca para ayudar.

Ana: Mejor me voy ahora, tengo un trabajo que hacer. *(Ana sale, Agustín entra.)*

Agustín: ¡Hola, Maestra! Tal vez usted pueda ayudarme a entender. Simplemente no lo entiendo. ¿Por qué Jesús nos pide que contemos a la gente del evangelio? Sería mucho mejor si Jesús lo hiciera todo él mismo.

Maestra: Hmmm. Me suena conocido.

Agustín: ¿Y si nosotros cometemos errores? Jesús haría el trabajo más rápido. Y Jesús lo haría bien.

Maestra: Creo que Jesús nos está dando una responsabilidad. Nos está confiando (a su santa iglesia cristiana) el trabajo de propagar las noticias de salvación del evangelio. Jesús sabe que, mientras servimos a otros al hablarles la palabra de Dios, nosotros creceremos en fe a través de esa misma Palabra. Y no estamos solos. Nosotros somos solamente ayudantes. Es el Espíritu Santo quien trabaja a través de la palabra de Dios para traer a la gente a la fe. Y recuerda, Jesús promete que él está siempre con nosotros.

Agustín: Mejor me voy ahora, tengo un trabajo que hacer *(en voz baja)*. Éste es un gran trabajo. Estoy contento de que soy un simple ayudante.

Pasaje de la Escritura

Hechos 1:1-11. Después de la Pascua Jesús pasó muchos días con sus amigos y ayudantes. Jesús hablaba con ellos sobre el amor de Dios. Jesús los ayudaba a entender por qué él había muerto en la cruz y vuelto a la vida otra vez. Él dijo que hizo esto para quitar nuestros pecados y darnos la promesa de vida en el cielo. El también les habló del trabajo que él quería que ellos hicieran, contando las buenas nuevas a otros. Jesús dijo que él siempre estaría con ellos. Un día Jesús llevó a sus discípulos a una colina en las afueras de la ciudad. Mientras Jesús hablaba con ellos, repentinamente comenzó a subir al cielo. Arriba, arriba, subió hasta que una nube lo cubrió. Dos ángeles vinieron y le dijeron a los discípulos: "¿Por qué están mirando hacia arriba todavía? Jesús vendrá otra vez algún día." Los discípulos estaban contentos. Ellos sabían que Jesús aún los amaba. Ellos sabían que Jesús aún estaba con ellos, aunque ellos no lo pudieran ver. Ellos cantaban alabanzas a Dios mientras retornaban a la ciudad de Jerusalén a esperar a que viniera el Espíritu Santo como Jesús lo había prometido.

Oración

Amado Señor, oramos para que tú propagues a todo el mundo el mensaje del evangelio de que nosotros somos salvos y perdonados a través de la muerte y resurrección de Jesús. Confiando en tu poder, oramos en el nombre de Jesús. Amén.

Viene el Espíritu Santo

Propósito

Dios nos bendice con el Espíritu Santo que obra a través de su Palabra, capacitándonos para contarle a otros sobre la salvación que tenemos en Jesucristo.

Procedimiento

Agustín: ¿Sabes qué, Ana?

Ana: ¿Qué?

Agustín: Puedo contar. Puedo contar sobre Jesús. La maestra dijo que podía. Entonces fui a casa. ¿Y sabes qué?

Ana: ¿Qué?

Agustín: Estaba cantando esa canción: "Puedo contar", y mi hermano mayor dijo que yo era demasiado pequeño. ¿Sabes qué?

Ana: ¿Qué?

Agustín: Lloré. Fui a mi cuarto y lloré. Luego me detuve. Miré por la ventana. ¿Sabes qué?

Ana: ¿Qué?

Agustín: Vi a mi nuevo vecino, Juan, en su patio. Hace poco se mudó acá. Y pensé que tal vez podía hablarle a Juan de Jesús. ¿Sabes qué?

Ana: ¿Qué?

Agustín: Fui a su casa y golpeé la puerta. Pero nadie vino. Traté de llegar al timbre, pero soy muy pequeño. ¿Sabes qué?

Ana: ¿Qué?

Agustín: De repente Juan me vio desde su ventana y vino afuera a jugar. Yo estaba tan feliz. Le dije que tenía tres amigos especiales: Jesús, Ana y ahora Juan. ¡Él va a venir conmigo a la escuela dominical mañana! ¿Sabes qué?

Ana: ¿Qué?

Agustín: ¡Puedo contar! ¡Realmente puedo contar sobre Jesús!

Pasaje de la Escritura

Hechos 2. Los discípulos se juntaron por diez días después de que Jesús volviera al cielo. Ellos oraron juntos y esperaron por el don del Espíritu Santo, así como Jesús les había dicho que hiciesen. El domingo de Pentecostés los discípulos escucharon un gran ruido como una tormenta de viento. Llenó toda la habitación. Ellos miraron alrededor y vieron llamas de fuego sobre la cabeza de cada persona en la habitación. Los discípulos fueron llenos del poder del Espíritu Santo. Ellos querían contarle a todos sobre Jesús, el Salvador. La gente de todo el mundo había ido a Jerusalén en esa época por una fiesta. Ellos escucharon el ruido y vinieron a ver qué estaba pasando. Los discípulos de Jesús les predicaron. El Espíritu Santo les dio el poder de hablar en los muchos idiomas de todas las personas, contándoles que Jesús es su Salvador. ¡Tres mil personas creyeron y fueron bautizadas ese día!

Oración

Querido Señor, por favor utilízame y ayúdame a hablar sobre Jesús. En su nombre. Amén.

Un hombre cojo es sanado

Propósito

El poder de Dios continúa bendiciendo nuestras vidas, de manera temporal (tiempo presente) y eterna (para siempre).

Procedimiento

Ana: ¡Maestra, Maestra, tengo tantas noticias que contarle! Mi abuela salió del hospital y se siente mejor.

Maestra: Dios bendijo el trabajo de sus médicos.

Ana: Y Agustín invitó a Juan, su vecino, a la escuela dominical.

Maestra: El poder de Dios el Espíritu Santo opera en los corazones de su pueblo.

Ana: Y nosotros tuvimos tanta suerte de camino hacia acá. El auto de papá casi choca contra una camioneta.

Maestra: Dios envía sus santos ángeles a protegernos.

Ana: ¿Y vio la nueva pintura para la iglesia? El artista es realmente bueno.

Maestra: Y todo es para la gloria de Dios.

Ana: Maestra, estoy empezando a pensar que Dios tiene algo que ver con cada parte de nuestras vidas.

Maestra: Seguro que sí. Escucha lo que la Biblia dice en Hebreos 4:12: "La palabra de Dios es viva y activa." Y en el Salmo 121:8, la Biblia dice: "El Señor guardará tu salida y tu entrada desde ahora y para siempre."

Ana: ¡Eso me hace querer correr y saltar de alegría!

Pasaje de la Escritura

Hechos 3. No mucho después de Pentecostés, dos de los discípulos de Jesús, llamados Pedro y Juan, fueron al templo a orar. Ellos vieron a un hombre sentado junto al templo. El hombre no podía caminar. Todos los días se sentaba junto al templo y le pedía dinero a la gente. Cuando Pedro y Juan pasaron, el hombre les pidió dinero también. Pedro dijo: "No tengo dinero, pero tengo algo mejor." Pedro tomó al hombre de la mano, y le dijo: "En el nombre de Jesús, levántate y camina." Por el poder de Jesús, el hombre que no podía caminar se puso de pie. Jesús había hecho fuertes sus piernas y sus pies. Eran tan fuertes ahora que podía correr y saltar y saltar y correr. Él corrió directamente adentro del templo, y saltando de alegría alabó a Dios. La gente dentro del templo estaba sorprendida. Ellos pensaban que Pedro y Juan habían hecho que el hombre caminara. Pero Pedro les dijo: "Nosotros no hicimos que este hombre camine, Jesús lo hizo. Y Jesús vino para ayudarles a ustedes también. Jesús vino a sufrir y morir para quitar todos sus pecados. Arrepiéntanse. Lamenten las cosas malas que hacen. Pídanle a Dios que los perdone. Dios lo hará por el amor de Jesús. Entonces ustedes también pueden ser sus hijos perdonados y gozosos." Ellos confiaron en que Jesús, quien resucitó en la Pascua, le dará vida eterna en el cielo a todos los creyentes.

Oración

Querido Señor, gracias por las maneras en que tú obras en mi vida y me bendices cada día. A través de tu mensaje de salvación del evangelio, llena mi corazón con gozo. En el nombre de Jesús oramos. Amén.

Felipe y el hombre de África

Propósito

Dios viene a nosotros en su Palabra, bendiciéndonos con el perdón, la vida y la salvación a través de la redención ganada por Cristo Jesús.

Procedimiento

(Agustín está tirado hacia delante, sosteniendo su cabeza con sus manos.)

Maestra: ¡Hola, Agustín! Te ves muy triste y preocupado. ¿Qué sucede?

Agustín: Estoy triste. Estoy preocupado por mi primo Javier. Él no está bautizado.

Maestra: ¿Ha escuchado él la palabra de Dios? ¿Cree él en Jesús como su Salvador?

Agustín: Sí y sí.

Maestra: Bueno, la Biblia dice: "Cree en el Señor Jesús y serás salvo."

Agustín: Bueno, eso es un alivio.

Maestra: ¿Por qué Javier no ha sido bautizado?

Agustín: Él dice que es muy viejo para eso.

Maestra: Eso no es cierto. Jesús mismo fue bautizado cuando tenía treinta años. Nunca eres demasiado viejo o demasiado joven para el Bautismo. Es un regalo que Dios nos da a nosotros.

Agustín: Bueno, Javier también dice que él no sabe qué tiene que hacer.

Maestra: El bautismo no es algo que hacemos. Es un regalo de Dios. ¿Quién no quisiera un regalo, especialmente uno de Dios? En este regalo Jesús ofrece perdón, vida y salvación.

Agustín: ¿Cómo es que derramar agua sobre alguien hace eso?

Maestra: No es sólo agua. El poder viene de la palabra de Dios, que es parte del Bautismo, y del Espíritu Santo obrando a través de la Palabra.

Agustín: Dios es tan bueno con nosotros. Estoy contento de estar bautizado.

Maestra: Dios nos ama tanto que derrama bendiciones sobre nosotros por causa de Jesús. Dios nos bendice a través de cosas que podemos oír y ver, en su santa Palabra, y a través de cosas que podemos tocar y saborear, como el Santo Bautismo y la Santa Cena.

Agustín: ¡Los regalos de Dios son geniales! ¡Le voy a contar a Javier estas buenas noticias!

Pasaje de la Escritura

Hechos 8:26-39. Felipe era un hombre que contaba sobre Jesús adonde quiera que fuera, hasta en el desierto. Mientras Felipe caminaba por el camino polvoriento, vio a un hombre viajando a su hogar en África donde trabajaba para la reina de Etiopía. Mientras viajaba en su carruaje, él leía en voz alta la Biblia. Felipe le preguntó a este hombre de África si entendía lo que estaba leyendo. El hombre dijo: "Por favor viaja conmigo y cuéntame lo que la Biblia significa." Felipe le dijo que las palabras eran sobre Jesús, quien murió en la cruz para quitar nuestros pecados y resucitar en la Pascua. El hombre de África creyó en Jesús como su Salvador. Cuando vio un poco de agua fresca cerca, preguntó si podía ser bautizado. Felipe bautizó al hombre en el nombre del Padre, del Hijo y del Espíritu Santo. El hombre de África estaba muy feliz de conocer a Jesús y de ser parte de la familia de Dios. Volvió a su hogar regocijándose.

Oración

Querido Jesús, gracias por lavar mis pecados y hacerme miembro de tu familia. Llénanos de la alegría que viene de conocerte como nuestro Salvador y Señor. Amén.

Pablo y Silas cantan de alegría

Propósito

Dios está con nosotros en todas las circunstancias; él nos bendice hasta en medio de nuestros problemas; el gozo que tenemos en Jesús nuestro Salvador no puede ser quitado de nosotros.

Procedimiento

Agustín: ¿Ana, cómo estuvo tu fin de semana en la granja de tus abuelos?

Ana: Bueno, ¡el viernes por la noche tuvimos una tormenta terrible con relámpagos y truenos!

Agustín: Eso debió asustarlos mucho.

Ana: Y luego se cortó la luz y nos sentamos en la oscuridad.

Agustín: Eso debió haber sido realmente atemorizante.

Ana: Pero luego el abuelo sacó su linterna a pilas, nos sentamos todos alrededor de la mesa para que podamos estar cerca de la luz.

Agustín: ¡Me hubiera gustado eso!

Ana: Y luego, como no podíamos hacer nada más, nos sentamos y jugamos a las cartas.

Agustín: ¡Eso parece divertido!

Ana: Y luego la abuela dijo: "La heladera no anda sin electricidad, y no queremos que el helado se derrita." Así que todos comimos helados de chocolate con una cereza arriba.

Agustín: ¡Realmente, realmente me hubiera encantado eso!

Ana: El abuelo dice que otra vez se demostró que Dios puede bendecirnos hasta cuando las cosas a nuestro alrededor van mal. ¡Dios es tan bueno con nosotros!

Pasaje de la Escritura

Hechos 16:22-36. Pablo era un misionero que viajaba a muchos lugares contándole a la gente sobre el perdón amoroso de Jesús. En uno de esos lugares, la ciudad de Filipos, Pablo y su amigo Silas fueron arrojados en prisión por hablar de Jesús. El carcelero de la prisión los puso en una celda bien adentro de la prisión y les ató los pies con cadenas para que no pudieran moverse. Pero Pablo y Silas estaban alegres a pesar de todas esas cosas malas que les pasaron. Ellos oraban a Jesús, agradeciéndole por quitarles sus pecados. Ellos cantaban himnos de alabanza a Dios. Y una cosa buena pasó: los otros prisioneros escucharon esas palabras sobre Dios. ¡Pero luego más cosas malas ocurrieron! De repente hubo un terremoto fuerte. Las puertas se abrieron y todas las cadenas se soltaron. Cuando el carcelero vio lo que estaba ocurriendo, tuvo miedo de que todos sus prisioneros escaparan. Pero Pablo gritó: "¡No te preocupes! ¡Estamos todos aquí!" El carcelero estaba asombrado de todo lo que había visto y oído. Él le dijo a Pablo y a Silas: "¿Cómo puedo ser salvo?" Pablo y Silas dijeron: "Cree en el Señor Jesús y serás salvo." Entonces una cosa buena ocurrió: el carcelero llevó a Pablo y a Silas a su casa. El carcelero y toda su familia fueron bautizados. Y ellos estaban muy contentos porque habían conocido a Jesús como su Salvador. Lo que empezó como una mala situación se volvió en algo muy bueno, bendecido por Dios.

Oración

Amado Señor, cada vez que tengamos problemas, ayúdanos a recordar que tú estás siempre con nosotros. Guíanos a confiar en tu voluntad. En el nombre de Jesús, nuestro Salvador eterno. Amén.

Timoteo escucha y cuenta de Jesús

Propósito

Por la gracia clemente de Dios, nosotros tenemos nueva vida en Jesús. Dios nos guía a través de su Palabra a vivir nuestras vidas para él.

Procedimiento

Agustín: Maestra, Ana y yo tenemos un problema. Necesitamos su ayuda.

Ana: ¡Exacto! No podemos decidir qué queremos ser cuando seamos grandes.

Maestra: Bueno, ustedes tienen mucho tiempo para pensar sobre eso. Empecemos por pensar cómo Dios los ha bendecido: ¿Qué les gusta hacer? ¿Qué pueden hacer bien?

Ana: ¡Tengo una idea! Me gusta pintar. Creo que seré una artista famosa y pintaré cuadros para colgar en un museo. O tal vez pintaré paredes coloridas y grandes dentro de las casas.

Maestra: ¡Gran idea! ¿Y tú, Agustín?

Agustín: Todavía no tengo idea. La cosa que más me gusta hacer es escuchar historias bíblicas y hablar sobre Jesús. ¿Qué podría ser entonces?

Maestra: ¡Entonces, Agustín, podrías ser pastor en una iglesia o maestro en una escuela cristiana!

Agustín: ¿En serio piensa que podría hacer eso?

Maestra: ¡Seguro! ¡Y no importa qué trabajos tengan ustedes dos cuando crezcan, siempre habrá maneras de dar gloria a Dios! La Biblia nos dice en Colosenses 3:17: "Cualquier cosa que hagan, en palabra u obra, háganlo todo en el nombre del Señor Jesús, dando gracias a Dios el Padre a través de él." ¡Con el poder de Dios obrando en sus corazones y en sus vidas, ustedes serán bendecidos!

Pasaje de la Escritura

2 Timoteo 1:3-10; 3:14-17. Desde el tiempo en que Timoteo era un bebe, su madre, Eunice, y su abuela, Loída, le contaron sobre el amor de Dios. Cuando él creció más grande y más inteligente, también creció en la fe. Un día un visitante, el apóstol Pablo, vino a la ciudad y les contó que las promesas de Dios sobre el Salvador habían sido cumplidas. Pablo le dijo a Timoteo y a su familia que Jesús quitó sus pecados cuando murió en la cruz. Y al tercer día, Jesús volvió a la vida otra vez porque él es verdadero Dios con todo el poder. Jesús tiene el poder de perdonar nuestros pecados y darnos vida eterna en el cielo. Timoteo, su madre y su abuela, creyeron en Jesús. Pablo le dijo a Timoteo: "Aunque seas joven, puedes contarle a otras personas este importante mensaje del evangelio." Cuando Timoteo creció, decidió que él quería ser misionero como el apóstol Pablo. A veces viajaban juntos, y a veces iban separados. Pero adondequiera que iban, compartían el mensaje de la gracia y la misericordia de Jesús.

Oración

Amado Señor, gracias por estar siempre conmigo. Guíame en las decisiones que haga a lo largo de mi vida de acuerdo a tu voluntad. Gracias por la bendición de vida eterna que tú me das a través de la muerte y resurrección de Jesucristo. En su nombre hablamos y cantamos y oramos. Amén.